EL
NEGOCIADOR

EL NEGOCIADOR

ARTURO
ELIAS
AYUB

Consejos para triunfar
en la vida y en los negocios

Grijalbo

El papel utilizado para la impresión de este libro ha sido fabricado a partir de madera
procedente de bosques y plantaciones gestionadas con los más altos estándares ambientales,
garantizando una explotación de los recursos sostenible con el medio ambiente y beneficiosa para las personas.

El negociador
Consejos para triunfar en la vida y en los negocios

Primera edición: enero, 2021
Primera reimpresión: enero, 2021
Segunda reimpresión: enero, 2021
Tercera reimpresión: enero, 2021
Cuarta reimpresión: febrero, 2021
Quinta reimpresión: febrero, 2021
Sexta reimpresión: marzo, 2021
Séptima reimpresión: marzo, 2021
Octava reimpresión: abril, 2021
Novena reimpresión: abril, 2021
Décima reimpresión: junio, 2021
Undécima reimpresión: julio, 2021
Décima segunda reimpresión: julio, 2021
Décima tercera reimpresión: septiembre, 2021
Décima cuarta reimpresión: octubre, 2021
Décima quinta reimpresión: noviembre, 2021
Décima sexta reimpresión: abril, 2022

D. R. © 2021, Arturo Elias Ayub

D. R. © 2022, derechos de edición mundiales en lengua castellana:
Penguin Random House Grupo Editorial, S. A. de C. V.
Blvd. Miguel de Cervantes Saavedra núm. 301, 1er piso,
colonia Granada, alcaldía Miguel Hidalgo, C. P. 11520,
Ciudad de México

penguinlibros.com

ISBN: 978-607-380-049-5

Impreso en México – *Printed in Mexico*

A Dios por su amor infinito.

*A Johanna por regresarme la fe día con día
y enseñarme lo que es el amar sin condiciones.*

*A Artur por siempre recordarme, con ese gran
corazón, que los valores no son negociables.*

*A Johannis por alegrar todos mis días
y por saber cuando más necesito de esa alegría.*

*A Alex por siempre estar ahí,
dándome tanto pidiendo tan poco.*

ÍNDICE

PRÓLOGO

Me ha pedido Arturo que lea este su libro que con tanto entusiasmo, alegría y corazón escribió; y que tan generosamente comparte con sus futuros lectores, sus muchas y muy variadas experiencias negociando desde lo más simple hasta grandes y muy difíciles negociaciones. En el grupo han sido, varias de ellas, fundamentales en nuestro desarrollo.

Es un trabajo notable, con el que Arturo busca trasmitir y enseñar a todos sus lectores algunas bases y experiencias que les serán importantes toda su vida.

Así, Arturo, quien fuera un mal alumno y que por su inteligencia, curiosidad e hiperactividad se aburría y distraía en el salón de clases, resulta ahora un gran maestro con este corto, ameno y sustancial manual para negociar en su sentido más amplio, incluyendo el empresarial.

El libro comienza con el mensaje más importante: dedicar nuestra mayor atención a la familia, a nuestro matrimonio y a la convivencia con nuestros hijos, así como a nosotros mismos. La vida familiar es un enorme soporte y motivación para nuestra vida profesional, social y empresarial.

Plantea también la pregunta que dice que le han hecho tantas veces:

"El emprendedor, ¿nace o se hace?"

En mi opinión, querer etiquetar y definir a un emprendedor de manera tan radical y excluyente es un error. ¡El emprendedor nace y se hace! Toda la vida y todos los días aprendemos de todos. De los éxitos, que son estímulos callados, y aún más de los errores, que son frecuentes y hay que buscar que sean menores.

Es teniendo emociones y pensamientos positivos, con optimismo firme y paciente que siempre tendremos frutos.

Emprendedores somos TODOS, y cualquiera que sea nuestra actividad —ama de casa, profesor, empresario, campesino, agricultor, obrero, albañil, profesionista, gobernante, político, policía, comerciante, financiero, en fin—, cualquiera es un emprendedor. Hagamos nuestro trabajo con responsabilidad y compromiso social.

En esta nueva sociedad tecnológica, los países progresan y sustentan su desarrollo en el bienestar creciente de todos.

Este gran y ameno mensaje de Arturo los invitará a reflexionar y aprender.

12 de octubre de 2020
Ing. Carlos Slim

«Hay que dejarles un país mejor a nuestros hijos, pero también mejores hijos a nuestro país.»

—Ing. Carlos Slim

INTRODUCCIÓN

Esto no es un juego,
pero me encanta jugarlo

———————

Si hay un lugar en el mundo en donde un niño es capaz de aprender a negociar antes que a leer, es ahí.

Nos encontrábamos Johanna, mi gran compañera de vida, y yo, en el mercado de Jan el-Jalili, en El Cairo. En ese histórico recinto fundado en 1382, como te has de imaginar, se han hecho millones y millones de negociaciones, así que podría ser una especie de "tierra prometida" para todos aquellos viajeros que, como a mí, les encanta negociar. Comprar, vender, buscar, en fin, hacer negocios.

El calor era insoportable, llevábamos varias horas caminando entre puestos repletos de vasijas de cobre, tapetes, lámparas y todo tipo de antigüedades. Nos abríamos paso en medio de un bullicio provocado por cientos de compradores y vendedores intentando ponerse de acuerdo casi a gritos, para llegar a un precio

justo y cerrar el trato. Mientras más nos adentrába-
mos en el extravagante bazar, más crecían mis ganas
de poder negociar con alguno de esos "maestrazos"
del comercio, quienes han aprendido su oficio desde
muy pequeños y de generación en generación. Me de-
tuve en una esquina por unos segundos para secarme
unas gotas de sudor de la frente, cuando, de pronto,
apareció frente a mí la oportunidad que estaba buscando: un pintoresco puesto de pipas para fumar ta-
baco de sabores, conocidas como *shishas*, llamó mi
atención; así que, sin dudarlo, me dirigí con paso firme hacia el sitio.

—Fíjate lo que les ganan estos cuates a esas pipas. Voy
a negociarla solo para que veas —le comenté a Johanna.

—¡Ahí vas! —me respondió soltando una carcajada y
agregó—. Ya sé que te encanta negociar. Aunque, por-
fa, no vayas a terminar comprándola... No tenemos ni
cómo llevárnosla de regreso a México. Se ven superbo-
nitas, pero están enormes.

—No, tranquila. No la voy a comprar, es solo para que
veas.

Entramos al puesto, saludé al vendedor con señas y le
mostré mi mejor sonrisa con el fin de ir preparando el terreno de la negociación. El vendedor, ocupado haciendo
cuentas en su calculadora y anotando números en una
libreta, apenas si me miró de reojo. Tomé la shisha más
bonita del aparador suponiendo que sería la más cara, lo
que me daría mucho más margen para negociar.

—¿Cuánto cuesta esta? —le pregunté.

Volteó hacia mí, bajó sus lentes de pasta gruesa hasta la mitad de su nariz y me miró por encima de ellos.

—Ciento veinte dólares —me respondió con una sonrisa de alegría maliciosa.

—Está bien bonita. Aunque yo calculo que…, quizás, a ti te cuesta unos 5 dólares, ¿no? ¿Qué tal si me la dejas en 10? Así ganamos los dos.

La expresión facial del vendedor pasó de la cara con sonrisa maliciosa a la cara de *What?* en un instante. Se puso de pie dejando su calculadora y sus notas sobre la silla, me miró negando con la cabeza y me lanzó sus primeros argumentos de negociación.

—No, no. Para nada. De hecho, le estoy ganando muy poco.

—¿Le estás ganando muy poco?

—Bueno, no tan poquito, pero tampoco tanto.

—¿Pero tampoco tanto?

Me aseguraba de repetir las últimas palabras que el vendedor pronunciaba. No porque no entendiera lo que me estaba diciendo, sino porque en realidad lo estaba "espejeando". Esta es una gran técnica de negociación conocida como *mirroring*, en la cual tú repites las últimas tres palabras que tu contraparte pronunció con dos objetivos. Primero, generar empatía y ganar su confianza, y segundo, obtener información adicional que pueda serte útil para seguir negociando. Recientemente leí el libro *Nunca dividas la diferencia* de Chris Voss, un exagente del FBI responsable de negociar en situaciones de terrorismo alrededor del mundo. En el libro, Voss comenta la importancia de esta técnica no solo para conseguir un poco más de crema batida para tu café en tu cafetería favorita, sino hasta para liberar rehenes en siniestros de alto impacto.

El vendedor se acercó a mí, parecía haber descubierto mi técnica. Después de todo, se trataba de un hombre experimentado y, sobre todo, conocedor de su negocio.

—Esa es la más bonita que vendo y quiero que te la lleves a casa. Quiero ayudarte, pero no puedo bajarme tanto —me dijo mientras juntaba las palmas de sus manos a la altura de su pecho, como haciendo oración.

A pesar de su negativa, yo sabía que podíamos llegar al precio justo, solo tendría que afinar la estrategia. "Ya estamos negociando", pensé, y continué con la negociación...

En la vida hay dos cosas de las que nunca podrás salvarte, y no me refiero a la muerte y los impuestos, me refiero a negociar y tomar decisiones. No importa si eres un gran empresario dueño de una empresa que factura millones al año, una emprendedora intentando formar una *startup*, si quieres negociar con tu novia para escaparte de viaje con tus cuates, o si eres empleado y quieres convencer a tu jefe de que ya te mereces un mejor sueldo. Saber negociar y tomar buenas decisiones son dos habilidades clave para obtener prácticamente todo lo que quieres en la vida, en tu trabajo o en tu negocio. Entre más negocias, más aprendes y más te gusta... y ese caluroso día ahí estaba yo, negociando en mi viaje de luna de miel, solo para comprobar si mi teoría sobre el margen de ganancia de un vendedor egipcio era cierta o no.

—Creo que 10 son razonables, estoy seguro de que es un precio justo para ambos —repetí mi postura inicial, leyendo en su cara que no me iba a dejar ir tan fácil.

—Sesenta y cinco. Es una pieza muy bonita —dijo el hombre rascándose la cabeza por encima de su turbante blanco y acomodándose sus gigantescos lentes cuadrados que cubrían la mitad de su cara.

—Creo que 10 es lo más justo. Las he visto a este precio en otros lados —insistí.

Johanna intentaba mirar hacia el otro lado de la calle, pero en realidad me miraba de reojo, mientras disimulaba una ligera sonrisa de inquietud y pena ajena.

—Cuarenta y cinco —replicó el vendedor, como analizando lo que sería lo mejor en esa situación, si seguir negociando conmigo o de plano correrme de su tienda.

—Diez —me mantuve firme en mi postura.

No tenía intención de mover mi oferta hacia arriba. No tenía por qué hacerlo, ni siquiera me interesaba comprarla. Finalmente, solo estaba haciendo un experimento que era muy divertido.

El vendedor se quedó pensativo, puso su mano derecha sobre la barbilla y la izquierda sobre su cintura. Después de unos segundos respondió:

—Treinta —lo dijo con fuerza, como si de verdad, ahora sí, esta fuera su última oferta.

Bajé mi mirada hacia la shisha, la cargué con cuidado y la giré un poco hacia ambos lados como si analizara su calidad y su belleza desde todos los ángulos, aunque en realidad solo lo hacía para darle un poco de esperanzas al vendedor. Ya estábamos muy cerca del precio que yo sugería, pero lo más importante, estábamos muy cerca de comprobar si mi teoría acerca del margen de ganancia de un vendedor egipcio en un fantástico bazar como ese era cierta o no.

Seguramente él había vendido miles de pipas en más de 100 dólares a miles de turistas. Esos grandes márgenes fácilmente los puede obtener un buen vendedor cuando negocia con alguien que no sabe en realidad lo que está comprando. Algo que, por cierto, es muy común en cualquier escenario de negocios.

Dejé la shisha en su lugar, le agradecí al buen hombre por su tiempo y su amabilidad y me di la vuelta. Comencé a caminar lentamente hacia la salida de la tienda, pero antes de que pudiera poner un pie fuera, lo escuché gritar:

—¡Espera! No quiero que te vayas sin esta belleza.

"Si ya decía yo que les ganaban muchísimo a estas cosas", pensé, mientras le guiñaba el ojo a mi esposa en señal de "¡Ya ves, lo sabía!". En ese momento me volteé hacia él con la convicción de cerrar el trato.

—¡Ni tú ni yo! Partamos la diferencia a la mitad —comenté.

—¡Cerrado en 20! —gritó el vendedor mostrándose satisfecho.

Nos dimos un fuerte estrechón de manos.

—Nos quiso ver la cara de turistas —le dije a Johanna al salir de la tienda, feliz, con mi pesada shisha en los brazos y con una sonrisa de oreja a oreja, la cual me duraría casi nada.

—No lo puedo creer. ¡Felicidades! Y ahora... ¿quién la va a cargar de regreso hasta México? —me respondió entre risas. Ambos sabíamos la respuesta.

En esta experiencia vi una vez más lo que he visto muchísimas veces durante un proceso de ventas en el que se requiere negociar: el vendedor intentó venderme el precio y no el valor de producto, que son dos conceptos completamente distintos, y esto, desafortunadamente, es muy común. Si él me hubiese hablado de la historia de las shishas, de su significado y de lo invaluable que sería tenerla en la sala de mi casa, quizás el resultado de la negociación hubiese sido distinto. Además, asumió que yo, al ser turista, estaría dispuesto a pagar lo que él pidiera. "Dependiendo del sapo es la pedrada" dice el refrán; y creo que esto también es un grave error.

No soy de aquellos a los que les gusta sacar ventaja en una negociación; al contrario, a mí me gusta que ambas partes ganen. De hecho, estoy seguro de que el vendedor hizo una muy buena venta al precio justo, y yo conseguí un muy buen descuento. Por si fuera poco, me di la oportunidad de divertirme y echarme una cascarita "en la cancha" de negociación, en un recinto equiparable al Santiago Bernabéu: el mercado Jan el-Jalili. No iba a desaprovechar dicha oportunidad porque, de verdad, a mí me apasiona este juego: "el juego de los negocios". No solo porque es divertido y me reta, sino porque los negocios generan prosperidad, desarrollo y empleos dignos que se convierten en bienestar para las familias y para un país entero.

Y claro, al llamarle "el juego de los negocios", lo hago simplemente como una simpática analogía, porque siempre ando comparando las reglas de los deportes con las que se usan en el ámbito de los negocios; aunque, en "la vida real", hacer un negocio nunca será un juego, más bien hay que tomarlo con mucha disciplina y seriedad.

O sea, lo que te quiero decir es que yo todo el tiempo "estoy jugando". Siempre estoy negociando y tomando decisiones, incluso cuando estoy de vacaciones. Mientras todo el mundo se fija en si la cama del hotel es cómoda o la alberca está bonita, yo pienso en la cantidad total de cuartos que tiene, calculo el porcentaje de ocupación, cuánto cobran por habitación cuánto será de sus costos operativos y cuántos empleados tienen en la nómina, para al final llegar a la conclusión de si el hotel es o no un buen negocio. Mientras todo el mundo compra un *souvenir* para tener un bonito recuerdo del viaje, yo estoy negociando con el vendedor de los *souvenirs*. Porque más que comprarlos, lo que realmente disfruto es negociarlos. Pero no creas que no disfruto también de un bonito paisaje, de un restaurante, de un museo interesante o, sobre todo, del tiempo con mi familia.

En fin, el punto es que, para mí, "el juego" nunca se acaba, jamás se escucha el pitazo del árbitro indicando el final del partido. A veces puedo sentir que estamos en muerte súbita o que nos vamos a penales, pero el juego siempre continúa. Todos los días. Y como también soy un apasionado de los deportes, en especial del tenis y el futbol, cuando menos me doy cuenta, ya estoy reflexionando y comparando ambas cosas.

El tenis, por ejemplo, es un deporte muy de emprendedores, porque en la etapa temprana de un emprendimiento, el partido se juega casi siempre con un solo jugador en la cancha: el emprendedor. Al principio es un camino muy solitario, con muchos oponentes difíciles de vencer, a quienes tienes que enfrentar tú solo. El futbol, en cambio, se parece más a la etapa madura de un negocio, en la cual ya se tiene un equipo bien conformado que trabaja en sincronía por un objetivo. De hecho, es imposible ganar en los negocios sin un buen equipo. Eso sí, a pesar de estar respaldado por ese gran equipo, a veces se gana y a veces se pierde. En unas ocasiones me ha tocado ser "el que vende la shisha con descuento" y en otras, el que la compra. ¡Literal! Pero lo importante es disfrutar el juego, lanzarte a la cancha de tu negocio con pasión y, sobre todo, aprender, de lo bueno y de lo malo. Para ello debes entrenar todos los días, prepararte en estas dos habilidades tan importantes: saber negociar y aprender a tomar buenas decisiones. Y aunque nunca es fácil, el tiempo y la experiencia te van curtiendo, y poco a poco empiezas a hacerlo mejor, como todo un atleta. Aunque te aseguro que siempre te enfrentarás a un nuevo oponente, a alguna situación a la que no te habías enfrentado antes. Y ante lo desconocido, muchas veces tendrás que arriesgar, porque definitivamente en los negocios, el que no arriesga... no gana.

¿Cómo lo sé? Porque yo mismo he perdido varias veces por no arriesgar o no hacerlo lo suficiente. En una ocasión me encontraba de viaje en Nueva York y un amigo me llamó para invitarme a tomar un café y presentarme a uno de sus colegas que acababa de lanzar una aplicación y necesitaba capital. Como mi amigo es muy inteligente y hábil para los negocios, pensé: "Debe ser interesante". Al llegar a la reunión, este emprendedor me mostró una aplicación en la que podías tomar fotos, videos y jugar con filtros de realidad aumentada para compartirlas con tus amigos.

—Está muy buena tu aplicación —le comenté—. ¿Cuánto estás buscando de inversión?

Cuando me dijo el monto y el porcentaje que estaba dispuesto a ceder, sentí que se me atoró el café en la garganta. Aunque disfruté mucho la charla con él, decliné la oferta y me fui a casa con la conciencia tranquila de habernos ahorrado una buena lana. Durante el viaje de regreso, nunca me sentí con esa incómoda sensación del "¿Qué hubiera pasado si...?". Pero más adelante el tiempo me haría plantearme esa incomodísima interrogante, aunque la respuesta para estas alturas del partido ya era bastante obvia. Aquella aplicación que ese día rechacé hoy se llama Snapchat, y el valor actual de la inversión que me pedían se habría multiplicado casi por 100.

Sin duda, esto te puede pasar a ti, y me puede volver a pasar a mí. ¿Cómo saber, entonces, identificar grandes oportunidades para tomar decisiones acertadas? En realidad, no existe una respuesta concreta a esa pregunta. Lo único que puedo asegurarte es que lo mejor que puedes hacer para minimizar el riesgo de una mala decisión es nunca dejar de prepararte y de aprender, porque, como dicen por ahí, hasta al mejor cazador se le va la liebre. Así que, por favor, nunca te desanimes, fracasos y malas decisiones habrá muchas.

Y esta justamente es una de las reglas no escritas del juego: deberás tomar cientos de decisiones en un solo día. Algunas serán buenas y otras no tanto, pero la experiencia hace al maestro. Al principio de mi carrera yo tomaba decisiones de forma mucho más rápida, pero también, de forma mucho más impulsiva. Con los años, he podido pulir mi estrategia. Ahora me tomo un poco más de tiempo para ser más cauteloso, pero sin dejar de ser arriesgado, sobre todo cuando creo, en mi interior, que frente a mí hay una gran oportunidad. Este plan de juego sin duda me ha funcionado.

La información es la clave; entre más información tengas, negociarás mejor y tomarás mejores decisiones. A veces en los negocios, como en los deportes, nos dejamos llevar por la pasión, y eso nos puede orillar a tomar malas decisiones o a hacer una mala negociación. Ser poco inteligentes en el manejo de nuestros impulsos es peligroso, y por ello necesitamos desarrollar mucha inteligencia emocional, la cual, sin duda, se va adquiriendo con el tiempo y con la experiencia. Pero también hay que ayudarle "al tiempo" y absorber todo el conocimiento posible. Buscar mentores, guías, consejos. Y justo por esta razón, muchas veces comparto a través de mis redes sociales una breve entrevista que les hago a personas de clase mundial, de primer nivel en lo que hacen. La idea surgió porque me parecía muy valioso que, teniendo acceso a todo tipo de personas exitosas en los negocios, el espectáculo y los deportes, pudiera compartir algo de su sabiduría y su experiencia. Así que, al encontrarme en una comida, una junta o un evento con alguien que sé que puede ayudar a los demás con un gran consejo, le pido unos minutos de su tiempo para que me responda una pregunta muy simple: "¿Qué consejo les das a los jóvenes acerca de cómo emprender, aprender o de lo que tú quieras, pero que les ayude en su negocio o en su vida?".

A este concepto lo llamé en sus inicios "Aprendiendo a aprender", y ha sido un éxito rotundo. Compartir la opinión y conocimiento de grandes expertos con el objetivo de dar inspiración y motivación es una gran misión para mí; me siento sumamente agradecido al ver que es muy bien recibida por cientos de miles de chavos cada semana. Y porque me apasiona tanto poder compartir conocimiento, hoy tienes en tus manos este libro. Mi objetivo es contarte mi experiencia y un poco de lo que he aprendido en los negocios y en mi vida, para ayudarte a ser un mejor negociador y, por supuesto, tomar mejores decisiones.

«Siempre sé amable y respetuoso. No siempre será fácil, pero tienes que ser perseverante en la vida. Trabaja duro y verás que al final los resultados se darán. Fácil de decir, pero difícil de hacer.»

Roger Federer para
#AprendiendoAAprender

Han sido muchos años ya de ser un jugador en el juego de los negocios, desde que me iba por las tardes de niño a la tienda de mi papá, hasta hoy que tengo a mi cargo diversas responsabilidades en un gran grupo empresarial, e invierto en muchos otros negocios de chavos apasionados por lo que hacen. Sin duda, este camino de todos estos años ha sido un gran partido, con altas y bajas, con muchos tiempos extras, pero, sobre todo, con muchas experiencias valiosas que hoy me atrevo a contarte para contribuir con ese granito de arena que pueda acercarte al éxito en lo que sea que estés emprendiendo. Y si, como yo, tú ya eres un jugador veterano de muchas batallas ganadas y perdidas en tu camino por los negocios, entonces espero que mi experiencia te ayude a seguir creciendo.

Aquí te comparto conceptos tanto técnicos como filosóficos. Desde invitarte a reflexionar si de verdad estás hecho para ser emprendedor y cuáles son tus valores, hasta darte unos tips buenísimos para generar resultados en tu emprendimiento y negociar como todo un tiburón.

Me siento muy agradecido de haber tomado malas y buenas decisiones en mi camino, porque de todas esas experiencias he aprendido, y hoy mucho de lo que sé te lo comparto en estas páginas con gran emoción, pero, sobre todo, con mucha humildad.

Veinticinco años después de aquel viaje a Egipto, esa shisha que tuve que cargar de regreso a México aún sigue estando en mi casa. Lo que empezó como un juego y un experimento en mi luna de miel terminó siendo una grata experiencia y un bonito recuerdo de una buena negociación.

Y ahora te paso el balón a ti, es tu turno. Nunca dejes de prepararte para ser cada vez mejor negociando y tomando decisiones para tu negocio, tu emprendimiento o tu vida, no vaya a ser que, algún día, te encuentres con alguien que quiera verte la cara de turista.

¡Te deseo todo el éxito del mundo!

UN EMPREN-DEDOR, ¿NACE O SE HACE?

PRIMERA PARTE

«*Tú no eliges
tus pasiones,
tus pasiones
te eligen a ti.*»

—Jeff Bezos

LA EMOCIÓN DEL NIÑO QUE VENDÍA GOMAS

A las 7:30 de la mañana, casi todos los días, abro los ojos. Un nuevo día ha comenzado. Me levanto de la cama, me lavo los dientes y así, en pijama, comienzo a trabajar desde una pequeña oficina que tengo en casa. Cuando entro en ella me convierto en el director de Comunicación Social del Grupo Carso. Una parte importante de mis funciones. Reviso todas las noticias, comunicados y publicaciones relacionadas con el grupo. Ya sea de Sears, de Sanborns, de Telcel o del propio ingeniero Slim. Mi misión es analizar información, verificar y hacer correcciones pertinentes en caso de ser necesarias, o bien, impulsar alguna nota dándole difusión.

Amo hacer esto todas las mañanas. "Si no disfrutas lo que haces, ¿por qué seguir haciéndolo?, y si tienes que seguir haciéndolo, ¿por qué no aprender a disfrutarlo?", es parte de mi filosofía en la vida.

Hecha la primera tarea de la mañana, apago mi computadora, me pongo los tenis, el short, la playera y le dedico entre 45 minutos y una hora al ejercicio. Me subo a la caminadora con mis audífonos y me echo, casi siempre, un episodio de *Friends*. Me encanta reírme con las ocurrencias de Rachel y compañía.

Este hábito tan simple me garantiza que estaré de muy buen humor por el resto del día y me ayuda a pensar mejor y concentrarme en lo importante. Tal y como lo escribe el periodista Charles Duhigg en su libro *El poder de los hábitos*, en el cual describe cómo el establecer hábitos permite al cerebro liberar energía mental de actividades básicas para enfocarla en aquellas acciones que nos permiten ganar en la vida.

«Por lo general, las personas que hacen ejercicio comienzan a comer mejor y a ser más productivas en el trabajo y muestran más paciencia con sus colegas y familiares. Dicen que se sienten menos estresados. El ejercicio es un hábito clave que provoca un cambio generalizado.»

Charles Duhigg,
fragmento del libro
El poder de los hábitos

Antes de salir de mi casa, dedico unos breves minutos a hacer oración y a las 11:00 de la mañana ya estoy en la oficina. Al entrar, saludo a la redacción de Uno TV, que hoy ya es el portal de noticias más visitado de México; comento con ellos las novedades de la jornada y me dirijo a mi oficina en donde me espera la agenda del día. Revisamos pendientes, citas, papeles por firmar, llamadas y juntas. ¡Estoy listo para empezar y enfrentar lo que venga!

Hay dos cosas que me gustan mucho de mi trabajo: que nunca hay un día igual a otro, todos me ofrecen retos distintos; y que no importa qué tan saturadas se vean las horas durante la mañana, procuro tomarme el tiempo para comer con mi familia. Así que, llegada la hora de la comida, alrededor de la mesa, entre la sopa y las tortillas calientitas que además me encantan, disfruto con ellos de esos momentos en los que nos compartimos cómo va nuestro día. Trivialidades, temas profundos, el chisme de moda y eventualidades de la chamba y de la escuela, en fin, platicamos de todo y nada. A veces en la televisión hay un partido de la Champions y entre bocado y bocado gritamos los goles. La hora de la comida es para mí un oasis en medio de un mundo que se mueve muy aprisa. Disfrutar del almuerzo de esta forma me hace sentir privilegiado. Un privilegio que desafortunadamente no siempre tenemos, y que sin duda te lo puede dar el hecho de ser emprendedor. Porque una vez que tu negocio ha llegado a la etapa del crecimiento y empieza a ir viento en popa, puedes darte el lujo de invertir tu tiempo en las cosas que más te hacen feliz.

Aunque el camino para llegar hasta ahí es largo e incierto, y no siempre tendrás ese tiempo, pero los sacrificios y la pasión que le pongas a aquello por lo que estás apostando pagarán sus dividendos en algún momento y podrás comer con tu familia un martes cualquiera, mientras disfrutan juntos de un partidito de la Champions. Compartir con tu familia en cualquier momento y en cualquier lugar no tiene precio, porque, al menos para mí, la familia es todo. De hecho, no importa en donde esté o con quién, siempre tengo tiempo para tomar la llamada de mis hijos en cualquier momento que me necesiten.

Tuve la fortuna de nacer en una familia de emprendedores. Mis cuatro abuelos, provenientes del Líbano y de Siria, llegaron a México a bordo de una embarcación, sin un quinto, sin saber cuál sería el destino final de su viaje y, por supuesto, sin hablar el idioma. Hasta finales de la primera década del siglo XX, las leyes migratorias mexicanas no tenían grandes restricciones con respecto a la entrada de extranjeros. Al contrario, la apertura hacia nuevas culturas era promovida. Fue así como muchos árabes de origen libanés, palestino y sirio consiguieron un hogar en estas tierras americanas que los acogieron.

La historia de superación de mis abuelos, en un nuevo y maravilloso país que los recibió con los brazos abiertos, comenzó a construirse gracias al comercio, que es, por cierto, uno de los vehículos más nobles del emprendimiento y un muy buen filtro para saber si esto de emprender es lo tuyo realmente. "Si te encanta vender, ya la hiciste." Es lo que siempre les digo a los chavos que se me acercan a preguntarme cómo pueden saber si tienen, o no, madera para ser emprendedores. Pero claro está, esta no es la única condición o forma de saberlo. Puedes ser un apasionado por algo, y ese "algo" puede convertirse en un gran emprendimiento. Si te encanta cocinar, cantar, decorar tu cuarto, dar consejos o cualquier otra pasión que tengas, y además tienes talento para ello, definitivamente puedes convertir esa pasión y ese talento en un gran emprendimiento. Aunque, si aún no descubres ese "algo" en ti, no te preocupes. Ser emprendedor tampoco será el único camino para realizarte profesionalmente o darle un significado a tu vida. Lo más importante, en realidad, es ser plenamente feliz con lo que haces.

Mis abuelos y mi papá tuvieron la pasión. Llegaron a Córdoba, Veracruz, y sus comienzos fueron tan humildes que mi papá, Alfredo Elias Aiza, salía a vender tela a los pueblos siendo apenas un niño. Recuerdo que me contaba que cuando le sobraban unos 50 centavos, los usaba para comprarse un dulce de leche. Un postre tradicional y popular de la región donde vivía. Pero en vez de morderlo, aquel niño emprendedor lo chupaba poco a poquito. "Así nunca se me acababa", me decía.

Mi papá me heredó algo de sus genes de comerciante nato, y por ello aquí me detengo a hacerme la misma pregunta que me han hecho tantas veces. Tan filosófica y trascendental como la del huevo y la gallina, pero tan importante para ayudarte a entender lo que puede ser tu camino en la vida:

El emprendedor, ¿nace o se hace? La pregunta del millón

Emprendedor
(sustantivo)

Alguien que salta de un acantilado
y construye un avión mientras va cayendo.

Hoy puedo comprender que un emprendedor viene de una conjunción de estas dos premisas. Porque si bien yo, desde la cuna, vi empresarios en casa, también conozco a aquellos con un gran talento para los negocios que son hijos de esa noble enfermera o de un respetado profesor de primaria. En uno y otro escenario, he conocido a grandes emprendedores. Así que no hay propiamente una respuesta absoluta a esa pregunta.

En mi caso, siempre me reconocí emprendedor sin saber qué significaba eso. El Arturo chavito, de nueve años, pasaba todos sus sábados en la tienda de telas de su papá ubicada en el centro de la Ciudad de México. "Si me acompañas a la tienda, luego te llevo a jugar golf." Esta era la propuesta de mi papá cada fin de semana. Él creía que el incentivo para convencerme de acompañarlo al trabajo era la promesa de pasar toda la tarde pegándole a la pelota por los 18 hoyos. Lo que él no sabía es que yo no iba al trabajo porque me gustara el golf. Todo lo contrario, yo iba porque me encantaba vender franelas, metros de seda, jerga y popelina. Mi pasatiempo favorito era acomodarme detrás de aquel mostrador de madera para cobrar un pedido que yo mismo había vendido o pararme en la puerta para recibir a los clientes. Quizá las ventas que hacía en aquel entonces eran influenciadas más por la gracia que les hacía a los clientes que un chamaco de nueve años les ofreciera ayuda y asesoría en su experiencia de compra como todo un profesional y les platicara acerca de los descuentos y las últimas novedades. Después de mi articulado *pitch* de ventas terminaban comprándome, por lo menos, un metro de franela para hacer pañales. Y es por esto que digo que siempre me supe emprendedor, porque justo en la tienda de mi padre descubrí, desde niño, un sentimiento que me llenaba de una profunda emoción. La fascinación que me producía cerrar una venta era casi casi adictiva y me hacía querer regresar por más. No importaba si la venta era chiquita, de unos cuantos centímetros de jerga, o si era una venta grande, como un bulto de manta de cielo de 25 metros. La emoción siempre era la misma y se repetía una y otra y otra vez.

Y no era necesariamente el monto de dinero que entraba a la caja lo que me apasionaba, sino cerrar un trato. Mi motivación iba más allá de lo económico. Yo quería ofrecerle al cliente un metro de tela, quería medirlo, cortarlo, envolverlo, llevarlo a la caja y completar la transacción. Cada que eso sucedía, se encendía una chispa en mí. La misma que aún conservo hasta el día de hoy, en toda negociación que hago.

Mi papá, sabio como siempre, contribuyó a que esa chispa se hiciera cada vez más grande, cada vez más intensa. Todos los días me enseñaba importantes lecciones sobre cómo trabajar duro y cómo conocer el negocio de pies a cabeza. Así que no solo me pedía encargarme de la caja registradora, que, por cierto, era de esas que tenían una palanca mecánica y hacían un escándalo tremendo al abrirse; no, mi papá iba mucho más allá con sus lecciones, porque, aunque yo era el hijo del dueño, nunca tuve mayores privilegios que los demás. Un día me ponía en la caja, otro día me tocaba acomodar los pesados rollos de tela de la bodega, y otros días, hasta barrer, para que todo se viera siempre impecable. Aun siendo apenas un niño, llegué a conocer la tienda y el negocio como la palma de mi mano.

Y esta es una de las lecciones más importantes que debes tener en cuenta como emprendedor: **tendrás que entender tu negocio desde sus entrañas, conocer hasta el más mínimo detalle.** Uno de los más grandes errores que puedes cometer es creer que no necesitas vivir ni conocer los pormenores, aquellas cosas elementales de tu negocio, porque asumes que alguien más se encargará de ellas. La estrategia más efectiva para dirigir a tu equipo, entusiasmarlo y poder medir si el trabajo está bien hecho es saber hacerlo tú mismo. De lo contrario, no podrás saber el tiempo que toma una tarea, ni cuáles son los indicadores de calidad y, mucho menos, cuál es el costo real que implica hacer aquellas actividades esenciales para conseguir los resultados que esperas.

En mi caso, pasé por todas las áreas y todas ellas me dejaron grandes aprendizajes, pero sin duda las lecciones que más me gustaban eran las que estaban enfocadas a incrementar las ventas del negocio. Y es que en una época en donde no había redes sociales y el marketing no era una herramienta para vender más como la conocemos ahora, las estrategias tenían que ser mucho más creativas y audaces, y ahí mi papá se las sabía de todas, todas... Me enseñó tácticas poco ortodoxas pero muy efectivas para atraer a clientes potenciales, que no costaban mucho dinero y que incluso podrían funcionar en la actualidad. Por ejemplo, me hacía enrollar y desenrollar telas a un lado de las puertas de la tienda, para que los curiosos que pasaran por la calle vieran todo el movimiento y se sintieran tentados a pasar. Además, les ofrecía una recompensa a ciertas personas (como si fuesen los *influencers* de antes), para que entraran y miraran las telas. Así el negocio parecería estar siempre lleno, porque si algo tenía clarísimo Alfredo Elias era que las personas quieren comprar en un lugar lleno de gente. Porque, según la sabiduría de mi padre, los compradores pensaban que si otros estaban ahí, era porque algo bueno se ofrecía: mejores precios, mejor calidad o una atención inigualable. Y no se equivocó, esta estrategia nos dio excelentes resultados siempre. Este es, de hecho, un principio de persuasión llamado "consenso", documentado por el Dr. Robert Cialdini en su libro *Influencia: La psicología de la persuasión*, en el que dice que la gente toma decisiones de compra basadas en las decisiones de los demás. Por ejemplo, si pasas por una taquería llenísima, te apuesto a que te darán ganas de pararte a comer ahí porque pensarás que seguro algo bueno tendrán, su sabor único o sus precios, o ambas cosas. Esto es algo que debes tener en cuenta en tu lista de estrategias a implementar para tu negocio.

Pero la visión de mi papá para incrementar las ventas no se quedaba ahí, otra tarea que me asignaba era visitar las tiendas de la competencia para conocer sus precios. Los dueños y trabajadores de aquellos negocios sabían perfectamente quién era yo, pero en mi cabeza yo creía que hacía un excelente papel de espía encubierto para poder enterarme quién era más barato y quién era más carero que nosotros. Era evidente que yo era el hijo de Alfredo Elias Aiza, pues todos conocían a mi papá desde siempre. Pero a pesar de que sabían que se trataba de un espionaje de bajo presupuesto, siempre hicieron su mejor esfuerzo por seguirme la corriente y darme la información que buscaba. Literalmente estaba *stalkeando* a la competencia, y lo más chistoso es que ellos cooperaban gracias a la gran reputación y respeto que mi papá se había ganado con tantos años de trabajo llevando una carrera impecable.

Lo importante de todas estas lecciones que mi padre me dejó es entender que **una habilidad fundamental que debes desarrollar si te crees con madera para los negocios es atreverte a intentar cosas nuevas y creativas para incrementar tus ventas, por muy loca o ridícula que parezca la idea.** Nunca escatimes esfuerzos por pena o miedo; seguramente te sorprenderás de los resultados que puedes generar.

Gomas de colores, mi primer emprendimiento

Fue de hecho gracias a estas ideas de mi padre que yo descubrí la oportunidad de mi primer negocio. En cada uno de esos viajes a la calle, me llamaba mucho la atención una gran papelería. Estaba en la esquina de la calle de Correo Mayor, casi frente a la tienda de telas. Me fascinaba recorrer esta calle tan bonita y tradicional del Centro Histórico de la Ciudad de México. Se llama Correo Mayor porque ahí vivió don Pedro Diez de la Barrera, el primer correo mayor de Su Majestad, quien era la persona encargada de recibir la correspondencia que venía desde España y que estaba dirigida a los virreyes.

La papelería de la esquina era enorme y todo lo que había dentro me cautivaba. En una ocasión, al entrar, noté que los precios eran inmensamente más baratos que en las papelerías que estaban por mi casa. Así que mi chispa emprendedora se encendió instantáneamente. Otra vez, esa emoción que no se apaga... "Esto está superbarato, voy a comprar cosas aquí y las vendo en el colegio." Este es uno de los primeros termómetros para reconocer si tienes la temperatura de emprendedor, cuando identificas una necesidad o un problema que tú puedes resolver y de inmediato sientes esa adrenalina que encenderá esa chispa dentro de ti. Así que, si alguna vez has tenido esta sensación y te levantas a mitad de la noche o te orillas abruptamente mientras vas manejando para fraguar tus ideas... ¡Felicidades! Seguramente en ti hay sangre de empresario.

Estando en la papelería, analizaba la oportunidad; según mis cálculos y a ojo de buen cubero, el retorno de la inversión era potencialmente alto y el riesgo era bajísimo. La ecuación estaba clara. No había duda, tomé acción y mi primer emprendimiento había nacido.

Empecé comprando un lote de gomas de colores que además olían riquísimo. Las compré por un precio de mayoreo y las vendí todas en el salón de clase, por cuatro o cinco veces su costo, y aun así seguían estando a buen precio. Con cada venta de una goma sentía exactamente la misma satisfacción que sentía detrás del mostrador de las telas, esa emoción de completar una transacción. Pero esta vez la satisfacción era más intensa porque se trataba de mi propio negocio. Cuando vi que las gomas se vendieron muy bien, amplié mi catálogo de productos y comencé a ofrecer plumas, cuadernos y todo lo que pedían en la escuela, y al hacer esto aprendí otra gran lección: **siempre tienes que escuchar a tus clientes, porque ellos te dirán lo que necesitan de ti. Y si sabes observar, aunque no te lo digan, te darás cuenta de cuántos problemas más podrás resolver para ellos, y de esta forma podrás hacer crecer tu empresa dándoles más valor.**

Poco a poco construí mi pequeña pero sólida cartera de clientes y terminé haciendo negocios hasta con los papás de mis compañeros de clase, porque a medida que las transacciones eran de montos mayores, las mamás me esperaban a la salida para pagarme los cuadernos y todo lo que sus hijos me habían pedido. Estaba viviendo la gloria del emprendimiento desde muy chico. Y no solo eso, sino que tenía la facilidad de compaginar mis estudios con el apasionante mundo de los negocios. Pero como en la vida y en los negocios nada es color de rosa y siempre te topas con retos y problemas que tienes que resolver, mis días de bonanza de mi incipiente empresa de útiles escolares estaban por terminar, debido a una queja muy particular de los directivos de la escuela.

Los profesores se habían puesto en contacto con mis padres porque, según ellos, yo era un niño muy inteligente que no estaba reflejando mi potencial en la boleta de calificaciones, la cual, para ese entonces, estaba repleta de ochos y nueves. A juicio de los maestros, yo me aburría rápidamente en clases, por lo que su propuesta era adelantarme un año escolar. Pasaría de tercero a quinto. Mis papás, sabiamente, no tomaron esa decisión, prefirieron dejarme a mí hacerlo. Yo no sabía qué hacer, hasta que Miguel, uno de mis hermanos y, a quien siempre le he tenido una gran admiración y quien, por cierto, ya estaba en la universidad, me dijo: "Acéptalo. No sabes lo que daría yo porque me hicieran saltar un año y así acabar más pronto".

Ese comentario fue decisivo para aceptar la propuesta de los profesores, así que, como un medallista olímpico de salto con garrocha, me brinqué el cuarto grado, y de la noche a la mañana ahí estaba yo, conviviendo con niños de quinto.

Al poco tiempo me di cuenta de que no estaba ganando tiempo, al contrario, había cometido un gran error. A partir de ese momento, mi historia con la boleta de calificaciones adoptó tintes de una película de terror. Si antes me aburría fácilmente en el salón de clases, ahora el tedio y la desgana se habían convertido en mis mejores amigos, por lo que, oficialmente, me había convertido en un pésimo estudiante. Debido a esto, a tan temprana edad terminé de entender que en realidad lo mío eran los negocios. ¡Extrañaba mi negocio de gomas, cuadernos y lápices! Esa chispa dentro de mí, que se encendía al cerrar una venta, no lograban encenderla ni los cuates más divertidos del salón, ni la maestra más guapa, ni la idea de aparecer en el cuadro de honor. ¡Nada! Era una chispa 100% emprendedora; yo ya sabía para qué estaba hecho. Y aquí viene otro consejo que te doy para que te des cuenta de si eres un emprendedor:

es muy importante que te tomes el tiempo necesario para conocerte, para identificar si esa llama vive en ti. Pero si aún no la sientes, no descartes la idea, puede aparecer en cualquier momento, tan pronto descubras una pasión o un talento que pueda ser una gran idea de negocio. Sigue observándote, conociéndote, intentando nuevas cosas. Quizá la llama sí está ahí, pero se encuentra apagada, y un evento o una circunstancia de tu vida puede encenderla en un instante.

El emprendedor nace, pero también se hace

«Las experiencias de nuestra juventud moldean lo que hacemos más adelante en la vida.»

Jan Koum, fundador de WhatsApp

No todas las historias dentro del mundo de los negocios y del emprendimiento son como la mía, que tuve la fortuna de tener abuelos emprendedores y además tuve el ejemplo de mi papá, quien me acercó desde muy chico al emprendimiento, y gracias a ello crecí entre rollos de tela y sumando, restando y dividiendo en la máquina registradora, mejor que como lo hacía en las clases de matemáticas de la escuela.

Hay muchos ejemplos que pueden servirte de inspiración si mi historia no se parece a la tuya. Para muestra un botón porque... ¿Sabías que Jan Koum, el cerebro detrás de WhatsApp, vivió en la indigencia?

Este emprendedor de origen ucraniano llegó a California, Estados Unidos, en 1992 con su madre y su abuela. A través de un programa de apoyo social, consiguieron un departamento y comida. Koum trapeaba los pisos de una tienda de alimentos.

El joven era autodidacta y comenzó a conocer de programación a través de manuales de segunda mano. Su interés por el tema y su pasión lo llevaron a conseguir un lugar en la universidad pública de San José. Jan no asistió a Harvard, ni a Stanford. Su inteligencia, su pasión y su motivación por aprender y superarse rendirían frutos. Con perseverancia y el conocimiento autoadquirido desde chavo, consiguió un puesto en Yahoo!, en donde conoció a Brian Acton, y juntos, tiempo más tarde, un 24 de febrero del año 2009, fundaron WhatsApp. Una herramienta de comunicación sin la que, probablemente, no existiría el mundo como lo conocemos hoy. Estos emprendedores detectaron una necesidad en el mercado y supieron llenar un vacío importante. WhatsApp terminó convirtiéndose en la aplicación de mensajería móvil más grande del mundo.

Bien lo dijo alguna vez Jeff Bezos, CEO de Amazon: "Temo más a dos chicos en un garaje que a la competencia que conozco".

Mis años de escuela no fueron cosa fácil. Como pude y a base de mucha fuerza bruta, logré terminar la prepa y le pedí a mis papás un año sabático. A fin de cuentas, ya me había ahorrado un año en la escuela. Entonces, con 19 años, me dediqué de lleno a lo que más me apasionaba: hacer negocios. Me metí de tiempo completo a la tienda de mi papá. Ese sitio que desde niño me había hecho sentir tan pleno y feliz.

Sin embargo, en esa etapa mi trabajo ya no se trataba de vender un metro de tela, sino de cumplir con tareas mucho más complejas pero muy enriquecedoras. Por ejemplo, comencé a acompañar a mi papá a sus desayunos de negocios. Encuentros en los que negociaba sus cotizaciones para vender uniformes industriales a clientes muy grandes e importantes, entre ellos el Seguro Social, el Ejército Mexicano y otras instituciones públicas, así como también grandes empresas privadas y muchas reconocidas fábricas de la industria. Escuchar, una y otra vez, a mi papá en aquellas charlas, comprando, vendiendo y negociando, fue de las mejores clases de negocios a las que pude asistir. Cada junta y cada desayuno eran una maestría completa.

Y es que tener un modelo a seguir (*role model*) puede llegar a tener un gran impacto en tu aprendizaje, en tu vida y en las decisiones que tomes en el futuro. El tener acceso a personas que te sirven como referencia te ofrece algo tan valioso como el conocimiento que adquieres en una gran universidad o en un buen libro, porque un modelo a seguir, además de enseñarte, te inspira. Este concepto del "modelo" fue institucionalizado por el sociólogo Robert K. Merton, quien afirmó en su hipótesis que los individuos tienden a compararse con grupos de referencia, de personas que ocupan el rol social al que aspiran.

Yo tuve la fortuna de tener a mi *role model* muy cerquita. Pero no solo tuve el modelo de mi papá, sino también el de sus interlocutores, quienes eran, regularmente, grandes empresarios y comerciantes. Alfredo Elias Aiza era un maestro fuera de serie; me llevó con él a todos lados para que aprendiera, en primera fila, las más importantes lecciones de negocios; muchas que hoy me siguen funcionando en mi día a día. Fui afortunado de rodearme de estos maestros desde muy chico, y justo así surge otro de los consejos que puedo darte: **si quieres ser emprendedor, júntate con otros emprendedores y empresarios. Así te darás cuenta de inmediato si tú eres uno de ellos. Si te llama la atención su forma de ver la vida, de resolver problemas, sus habilidades para vender y hasta su forma de hablar, pero, sobre todo, si te inspiras de esa pasión por lo que hacen, entonces sin duda tienes madera de empresario.** Además, al rodearte de personas que ya están en el camino que te gustaría seguir, te será mucho más fácil identificar qué tanto tienes tú de aquellas habilidades que ellos tienen.

«Prepárate para fracasar y volver a empezar. Vas a dar dos pasos para adelante y dos pasos para atrás muchas veces. Porque el mundo no está esperando por ti ni diciendo: "Queremos financiar una nueva idea". Tienes que comprobar que tu idea es útil y eso ni siquiera es suficiente. Debes institucionalizar tu idea y hacer que mucha gente diga: "Es una necesidad, la vida sería mejor si tuviéramos eso". Los límites nosotros mismos los ponemos: los techos son hechos por el hombre.»

Matthew McConaughey para
#AprendiendoAAprender

Lecciones aprendidas
e inolvidables

Tuve la gran fortuna de trabajar al lado de mi papá por varios años y mi aprendizaje nunca se detuvo. Pero de todas las lecciones que pude aprenderle en todo ese tiempo, hay una en particular que jamás olvidaré. Yo tenía como 20 años, era justo un año después de que entré a trabajar de lleno en la tienda. Un día nos enteramos de que una fábrica de telas muy famosa iba a cerrar. Se trataba de la misma empresa que hacía las bolsas de lona en las que el Banco de México transportaba las monedas. Antes del cierre, los dueños estaban ofreciendo un remate total de mercancía y mi papá me asignó la misión de ir a ver qué podía conseguir de valor. Al llegar a la fábrica noté que había unas 200 mil bolsas de lona a la venta y las estaban dando a un precio de remate de 5 pesos. Era una superganga pues dicho precio era incluso mucho más bajo que el costo de la tela en bruto. Pero a pesar de que ya eran muy baratas, decidí poner en práctica lo que había aprendido con el tiempo al lado de mi padre, así que hice lo que más me gusta: negociar: "Te compro las 200 mil bolsas si me las dejas en 2.50 pesos". El responsable de la venta se negó en un principio. Sin embargo, después de insistir logré convencerlo y acordamos un precio de 3 pesos por bolsa. Yo estaba feliz y regresé a la tienda a contarle a mi papá, quien no dudó en apoyar mi decisión. Pero eso sí, me sentenció: "Ahora tienes que buscar la forma de venderlas".

A los pocos días, llegaron camiones y camiones con las bolsas de lona que taparon la calle y la entrada de la tienda. Tal escena casi le causa un infarto a uno de mis tíos que trabajaba con nosotros, y de inmediato subió al despacho de mi papá para recriminarle: "¡¿Qué es esto?!". Mi papá me señaló con el lápiz que tenía en la mano, y yo rápidamente busqué un buen argumento para aliviar su preocupación:

—Tío, pero ¿ya viste el precio?

—No importa el precio... Es que no hay manera de vender todo esto —replicó con molestia y continuó reclamándome.

Mi papá abruptamente interrumpió la discusión para dejarnos un gran aprendizaje a ambos, y es justo aquí donde se da esta gran lección que no olvidaré jamás.

—**Cuando eres buen comprador, no necesitas ser buen vendedor.**

Lo que entendí de esta situación es que las grandes ganancias en un buen negocio en realidad no se hacen cuando vendes, se hacen cuando compras. Si sabes comprar y compras bien, entonces te será mucho más fácil vender y, además, tu margen será más alto. Y eso era justamente lo que había que hacer con las bolsas de tela.

Para venderlas, mi estrategia fue poner montañas de ellas en la puerta de entrada de la tienda, con un colorido anuncio hecho en cartulina fosforescente que decía: "Llévesela a tan solo 6 pesos". Les ganaríamos el 100% y, aun así, ofreceríamos un precio inigualable a la gente, ya que cada bolsa podría tener un valor neto de 15 pesos en cualquier otro lugar. No pasó mucho tiempo para que comenzaran a venderse como pan caliente, y en tan solo tres meses agotamos la existencia.

Esta negociación fue una carambola de tres bandas. Por un lado, la tienda ganó muy buen dinero en muy poco tiempo; por otro, nos llenamos de clientes que antes le compraban a la competencia; y, finalmente, empezamos a vender a distintos tipos de clientes que hasta entonces no teníamos. Todo esto gracias a que mi papá anticipó una oportunidad al enviarme a la fábrica para buscar activos valiosos que pudiéramos rescatar, y yo decidí actuar al identificar la oportunidad y tomé el riesgo. **Para un gran empresario, las oportunidades están en todos lados, así que, en tu negocio, mantente atento, sé creativo y así podrás conseguir clientes o ingresos de lugares donde no habías imaginado, donde nunca se te había ocurrido buscar.** Encontrar oportunidades donde otros no las ven es una habilidad muy valiosa que tienen aquellos que de verdad tienen madera de emprendedor.

«Los líderes pasan el 5% del tiempo en el problema y el 95% del tiempo en la solución.»

Tony Robbins

Claro, no se trata de aventarse como El Borras ante lo que, a simple vista, parece ser la oportunidad de tu vida; porque, como bien dicen, no todo lo que brilla es oro. Y quizá nunca estés plenamente seguro del resultado que obtengas de la jugada que estás planeando hacer, pero cuando tienes la información suficiente, cuando ya agarraste un poco de colmillo y afinaste tu sensibilidad para identificar negocios, puedes atreverte a tomar riesgos mayores. Y este es otro buen indicador para saber si estás hecho para el mundo del emprendimiento: si tienes el estómago para correr riesgos, entonces tienes un empresario dentro de ti. Porque si hay algo que tengo claro de estos años en mi carrera es que la ecuación riesgo versus oportunidad, sobre la cual tendrás que tomar muchas decisiones, es inevitable y el pan nuestro de cada día.

«El mayor riesgo que puedes tomar es no tomar ningún riesgo.»

Mark Zuckerberg

Qué afortunado fui de haber trabajado con mi papá, quien nunca le tuvo miedo al riesgo y jamás dejaba de sorprenderme. Sin duda, es el hombre que más he admirado en mi vida. Era una persona honesta, trabajadora, de valores firmes, inteligente, alguien a quien todos saludaban con gusto. Recuerdo que cada mañana caminábamos desde la calle de Pino Suárez hasta Correo Mayor para abrir la tienda. En este trayecto, todo mundo, incluyendo el dueño de un restaurante que servía los mejores chilaquiles del mundo, salía de sus locales para saludar a don Alfredo. Yo caminaba detrás de él, sintiéndome superorgulloso de ese hombre que era mi papá y al que todos querían. En especial, una admiradora secreta que tenía en la tienda, una señora que llegaba todos los días al negocio, a la misma hora que nosotros, para comprar un metro de jerga. Era raro verla ahí, siempre puntual, comprando lo mismo y a la misma hora. Después entendí que solo lo hacía para ver a mi papá de cerca. Y claro, mi papá era un hombre muy guapo y muy trabajador. Muchos decían que, para la época, era el hombre más guapo de México, ya que contaba con una gran personalidad.

Enfrentarte al mundo real

Aquella gran lección que me enseñó Alfredo Elias Aiza, con la compra y venta de las bolsas de tela, quizá fue la última gran lección que me dio. Cuando yo tenía apenas 22 años, tuve que aprender a convivir con el dolor que provocó su ausencia. Su muerte se dio a causa de una enfermedad inesperada, una que me quitó a mi ídolo, a mi *sensei*, al amor de mi vida, a mi maestro y a mi ejemplo a seguir cada día. A tan corta edad no solo tuve que enfrentarme a una gran pérdida, sino que tuve que hacerme cargo del negocio familiar y eso no era cosa fácil. Llenar los zapatos de mi papá era una idea que me intimidaba. En la escuela, cuando compraba mis gomas por mayoreo, no pasaba nada si no lograba venderlas, pero esto era el mundo real y ahora yo tenía las riendas.

Con el tiempo, poco a poco me fui sintiendo más cómodo. Principalmente porque me di cuenta de que mi emoción era la misma tanto en negocios pequeños, como en negocios enormes. Y eso me hizo entender que no importa si vas a vender cinco gomas o negociar 100 mil metros de tela para un gran pedido; si vas a poner una pequeña cafetería o estás negociando la compra de una franquicia de restaurantes. La dinámica y la emoción siempre serán las mismas, si de verdad tienes madera de empresario. La única diferencia estará en la escala del negocio, en la presión y en la responsabilidad que trae consigo cada reto.

Conforme iba avanzando al frente de la tienda, iba aprendiendo muchas más cosas; una de ellas es que no solo es la chispa lo que se necesita para ser un verdadero empresario, también hay que aprender a aguantar la presión cuando las cosas no salen como esperabas. Si el pedido se atrasa, si el pago no está a tiempo o si cualquier otra cosa sale mal, el verdadero emprendedor buscará soluciones y enfrentará los problemas, el que no lo es renunciará a su emprendimiento y buscará un empleo.

Y yo, como cualquier empresario, tuve que enfrentar miles de estos problemas y buscarles una solución. Recuerdo que, unos cuantos meses después de la muerte de mi papá, llegó una oportunidad para surtir un pedido masivo para el ISSSTE. Yo era joven y tenía todas las ganas de comerme el mundo y demostrar todo lo que había aprendido de mi gran maestro. Pero a pesar de ello, cuando se trataba de cotizaciones, mi aproximación a ellas era siempre responsable y cautelosa. El pedido era inmenso, así que me acerqué a mi tío, quien, siendo más conservador, me aconsejó cotizar solo una parte. "Nada más con ganar la mitad del proyecto será muchísimo trabajo", me comentó. Pero yo buscaba justo lo opuesto: quería cotizar el proyecto en su totalidad. Era un gran reto, pero sabía que podíamos enfrentarlo. Serían noches sin dormir, mucho estrés, largas horas de trabajo, emprender la búsqueda de nuevos proveedores de telas, contratar costureras y ampliar la red de talleres que trabajaban para nosotros. A pesar de todo eso, yo estaba seguro de que era un proyecto factible.

Y, finalmente, ganamos la licitación, una de las más grandes de la historia de la tienda. Entonces me di cuenta de otra de las grandes lecciones que me había dejado Alfredo Elias: **el valor de la honestidad y de la palabra son de los activos más grandes que debes construir y mantener como emprendedor. En esto nunca se negocia.**

Cuando me reuní con los grandes fabricantes, como don Isaac Saba, don Antonio del Valle o mi tío José Juan del negocio de La Palestina, para hablarles sobre el nuevo proyecto, todos —al unísono— aceptaron darme crédito, trabajar conmigo en esta gigantesca aventura y recibir su porcentaje una vez que el cliente hiciera el pago final. Este no era un mérito mío, era la herencia más valiosa que me había dejado mi padre: su reputación y su nombre. Hoy todavía les agradezco a aquellos hombres, a quienes admiro, el haber confiado en ese chavito novato de 22 años. **En este camino aprenderás que la palabra es una mina de oro**, siempre que la sepas conservar y cuidar. Suena sencillo, pero no lo es... porque basta una única falta para derribar todo lo que con esfuerzo y tiempo construiste. **Tu palabra y tus acciones valen tanto como tu empresa o tu emprendimiento.** Cumple con la gente que confió en ti: con tus inversionistas, con los miembros de tu familia que te hayan prestado dinero, con tus clientes, con tus proveedores, con tus empleados. No dejes de dar la cara, porque esta es una de esas grandes acciones que hará la diferencia y te ayudará a ser un gran empresario.

Diversificar, no poner todos los huevos en la misma canasta

A partir de ese momento el éxito comenzó a aparecer en diversas etapas de mi vida. Comenzamos a abrir nuevas sucursales de tiendas de tela, pero, además, comencé a diversificarme. Mi espíritu inquieto jamás se detuvo a pesar de los sobresalientes resultados en la tienda. Me asocié con Alfredo, mi hermano, para abrir varias franquicias de Blockbuster. Con este nuevo proyecto me metí a un negocio que, en ese entonces, se estaba poniendo de moda: la renta de películas.

Yo quería que nuestros Blockbusters fueran muy exitosos y se me ocurrían mil y una ideas para hacerlos diferentes al resto, pero las políticas y los procesos dentro del modelo de negocios de una franquicia nos limitaban fuertemente para poder actuar. Así que mi hermano y yo teníamos que ser creativos y apostamos por diferenciarnos en aquellos factores sobre los que sí teníamos cierto control. La ubicación del local, por ejemplo, era uno de ellos, uno muy importante, así que abrimos tiendas en el norte del país.

Cinco tips cruciales si ya piensas empezar tu negocio:

1. Identifica tus habilidades. Debes saber en qué eres realmente bueno o qué te apasiona hacer, y descubre oportunidades de negocio alrededor de estas habilidades.
2. Estudia la demanda del mercado para tu idea. Asegúrate de que haya clientes para el problema que quieres resolver, para el producto o servicio que quieres vender.
3. Haz una lista de los recursos que tienes o las fuentes de donde puedes conseguirlos.
4. Trabaja en tu plan de negocios. Haz estimaciones razonables sobre cómo se verán las finanzas de tu negocio en los próximos meses y años.

5. Prepárate para enfrentar el rechazo y hazte amigo de los fracasos que te vayas topando en el camino, porque te encontrarás con varios.

En Tijuana, ciudad por demás interesante con una enorme diversidad cultural; Mexicali, que tiene los mejores restaurantes de comida china que yo haya probado; y Ensenada, en donde se comen las mejores pescadillas (tacos de pescado frito) afuera del mercadito junto al muelle. Con los meses, logramos que nuestra tienda de Otay (Tijuana), en un sitio icónico de la ciudad, se convirtiera en la primera en ventas a nivel mundial. De hecho, el éxito alcanzado fue tan sorprendente, que la marca volteó su mirada hacia nosotros para buscar implementar nuestras buenas prácticas en otras franquicias. Fueron tan contundentes los resultados que el grupo Blockbuster internacional terminó por comprarnos todas nuestras tiendas.

Esta fue otra gran lección aprendida. **Si bien un gran empresario se enamora de su proyecto y se entrega con mucha pasión, también debe ser lo suficientemente astuto para dejarlo ir si se da una oportunidad.** Hay emprendedores que se aferran a una idea que ya no es sostenible y eso termina por hundirlos. Un emprendedor que nace o se hace debe tener el sentido del olfato muy agudo para poder identificar las oportunidades, pero también las amenazas. Total, si de verdad tienes madera para esto y vendes tu negocio, o incluso si fracasas, te aseguro que empezarás uno nuevo.

Te lo digo yo, que si no hubiera salido de Blockbuster por la puerta grande, habría tenido que enfrentar una amenaza muy poderosa que hoy conocemos como Netflix. Por cierto, para esa época ya existía, pero con un modelo de negocio distinto en el que enviaban los DVD de las películas a tu casa para que no tuvieras que ir a rentarlas a una tienda.

Empecé este emprendimiento con tan solo 26 años, y cuatro años después se dio el cierre de la venta de las franquicias. Definitivamente la suerte estuvo de nuestro lado, porque no vendimos el negocio de Blockbuster por visionarios necesariamente, o porque anticipáramos la gran amenaza que Netflix representaría en los siguientes años. No. Lo hicimos porque fue una gran oferta que no pudimos dejar ir.

Para mí es fascinante entender cómo el éxito jamás está garantizado, siempre hay que seguir preparándote, innovando, porque en los negocios nada es seguro y siempre estás en riesgo de que llegue un jugador nuevo, una tendencia nueva que ponga contra la pared tu trabajo de años. Blockbuster llegó a alcanzar un valor de mercado de 5 mil millones de dólares y sus ingresos anuales, según datos del International Business Times, fueron de 5 mil 900 millones. En el 2010 tuvieron que declararse en quiebra y tres años más tarde cerraron todas sus sucursales en Estados Unidos, excepto una.

Esta es otra gran enseñanza: **el éxito, en muchas ocasiones, suele venir acompañado por algo de suerte. Pero en realidad no es suerte, es qué tan**

preparado estás cuando te llega una oportunidad y si la sabes aprovechar.

Por cierto, esa sucursal de Blockbuster que quedó viva está ubicada en Oregón, Estados Unidos, y hace poco terminó por convertirse en un Airbnb en el que los huéspedes tienen acceso a todas las cintas en VHS.

Después de esta gran aventura, me quedaban muchas nuevas etapas por vivir y nuevas lecciones por aprender y, de hecho, puedo decirte que hoy sigo aprendiendo. Pero hay algo que siempre tuve claro, como lo has de imaginar: a mí desde niño me ha encantado emprender, y hasta hoy esa es mi misión.

Entonces... finalmente, el emprendedor, ¿nace o se hace? Creo que se trata de una mezcla de las dos cosas, pero más allá de ese espíritu de comerciante, antes tienes que sentir otra emoción más importante: la pasión. Tienes que despertar por las mañanas y emocionarte por el hecho de saber que estás trabajando en algo que te llena. En ese momento sabrás que esto es lo tuyo y no tendrás duda de que estás en el camino correcto. Si de verdad eres un empresario, los negocios te tienen que apasionar y tienes que sentir que tu corazón se acelera. Como si estuvieras cerrando una operación de compraventa de gomas en un salón de clases.

Pero, eso sí, **siempre ten claro tu propósito, debes saber desde un inicio qué quieres de tu negocio.** Ya sea tener un changarrito que te dé tiempo libre para hacer otras cosas que también te gustan, o bien, dominar el mundo con tu producto o servicio. Lo importante es que lo sepas con firmeza. Ambas cosas están bien, en tu propósito no hay bueno ni malo. Algo que agradezco hoy es que el mío siempre fue ser un gran emprendedor, desde niño lo supe.

Ah, y por cierto, después de la muerte de mi padre, nadie volvió a ver a la señora que pasaba todos los días por la tienda a comprar un metro de jerga.

#ConsejosDelNegociador

✓ Crea hábitos simples que te ayuden a tener un estilo de vida saludable. Tu mejor inversión eres tú mismo.

✓ Conoce todas las posiciones de tu empresa, desde las más elementales hasta las más complejas. Si conoces el negocio desde sus entrañas, podrás ser un mejor líder para tu equipo.

✓ Atrévete a intentar cosas nuevas y creativas para incrementar tus ventas, por muy loca o ridícula que parezca la idea.

✓ El secreto para hacer un muy buen negocio en una transacción comercial no se da al momento de vender, sino al momento de comprar. Ahí está la clave.

✓ Tu palabra es una mina de oro. Tus acciones valen tanto como tu empresa o tu emprendimiento. Honra tu palabra y cuida tu reputación; este será tu principal activo.

✓ Cuando tu empresa te lo permita, busca diversi-
ficarte en otro negocio que suponga una nueva
aventura. Así evitarás poner todos los huevos
dentro de la misma canasta y contendrás mejor
el riesgo de una amenaza en tu industria. Además, aprenderás nuevas habilidades.

✓ Vender tu empresa no es un fracaso. Si bien un
gran empresario se enamora de su proyecto
y se entrega con mucha pasión, también debe
ser lo suficientemente inteligente para dejarlo
ir si se da una buena oportunidad.

✓ El comercio es uno de los modelos de negocio
más nobles que existen. Es una buena forma de
comenzar porque no necesitas de un gran capital y puedes ir creciendo poco a poco. Empieza
vendiendo lápices y gomas; si te enfocas y lo haces bien, pronto tendrás tus propias papelerías.

✓ Si de verdad eres un emprendedor, lo primero
que debes sentir es pasión. Porque esa emoción es la que separa a los verdaderos emprendedores de los que no lo son. No importa
si esta emoción no te sucedió de niño y la en-
contraste muchos años después. La pasión no
tiene edad.

✓ Mantén tu propósito siempre claro. Define lo
que quieres para ti y tu negocio. Puedes tener
uno pequeño o crear la empresa que conquis-
tará el mundo. Ambos propósitos están bien,
todo depende de lo que quieras tú.

¡GOOOYA! LA PUMANÍA

SEGUNDA PARTE

«El éxito no es un accidente. Es trabajo duro, perseverancia, aprendizaje, estudio, sacrificio y, sobre todo, amor por lo que estás haciendo o aprendiendo a hacer.»

—Pelé

¿CÓMO DAR RESULTADOS EN TU NEGOCIO?

Con mi 1.93 de estatura y mis casi 100 kilos, ahí estaba yo "volando" por los aires del aeropuerto de Monterrey. Un aficionado, con una fuerza que provenía desde su corazón, o quizá desde algún otro lugar, había comenzado una reacción en cadena en la que yo era el reactor protagonista. Pasaron unos breves segundos cuando más como él se unieron a su iniciativa y me tomaron entre brazos y me cargaron por los pasillos de la terminal aérea. Fue una noche mágica que jamás olvidaré. No sentía miedo, al contrario, compartía con ellos ese profundo sentimiento de emoción y de orgullo... ¡De euforia! Y es que, en este momento, teníamos mucho más en común que la pura adrenalina. Nos unía el amor por la camiseta azul y oro, el respeto hacia el deporte, la agitación por los goles, la mística de la cancha, la satisfacción del juego bonito y los "Goyas" de la barra que nunca se rinde.

Éramos, una vez más, esa gran marea de personas que se convierten en una sola para apoyar a su equipo, tanto en el llanto por la derrota como en el júbilo por la victoria. Nos unían los Pumas de la Universidad.

Era diciembre del 2004 y tan solo unas horas antes, Pumas había resultado campeón en el Torneo de Apertura frente a un equipo de gran tradición: los Rayados. La hazaña se concretó en la cancha del rival, el Estadio Tecnológico. Y no solo eso, sino que este título nos hacía bicampeones. Era ya cerca de la media noche cuando, en aquel aeropuerto repleto de fieles aficionados, y cargado en sus brazos, confirmé lo que yo ya sabía. No había duda... ese era el año del puma.

Todo el equipo, nuestras familias, el personal técnico y yo salimos de Monterrey y aterrizamos en Ciudad de México con un trofeo de bicampeones que iluminaba la madrugada. A pesar de la hora, resultaba lógico repetir la celebración del torneo anterior. Y es que, cuando la euforia ha entrado en el cuerpo, el cansancio pasa a segundo plano o simplemente desaparece. Nos subimos al Turibús que nos esperaba afuera del aeropuerto y llegamos hasta la glorieta del Ángel de la Independencia. Dorado, como el uniforme. Imponente, como la victoria. El autobús avanzaba despacio, no podía ser de otra forma; las calles estaban inundadas de aficionados que se volcaron en ellas para pintarlas de los colores del equipo.

Esta tradición del recorrido de los jugadores, en el Turibús y por las principales avenidas de la ciudad, inició meses antes en aquella otra final en la que el equipo derrotó a las Chivas del Guadalajara en la tanda de penales, para hacerse campeón del Torneo Clausura 2004. Esa madrugada se estaba repitiendo la historia; mismo júbilo, mismo entusiasmo, diferente campeonato.

En aquella final en el Estadio de CU, me encontraba en el palco sudando los penales, mordiéndome los labios de nervios con los goles de Chivas, y besando mi camiseta del Puma con los goles de nuestro equipo.

En esos últimos momentos de tensión que estaba viviendo a flor de piel, vi a Marcelo Ebrard, el jefe de gobierno de la ciudad en ese entonces, dentro del palco del rector de la universidad. Emocionado por una posible victoria, le pedí que nos prestara dos transportes. Esta es una costumbre que se mantiene hasta la fecha.

Cuando Rafa Medina de Chivas falló el quinto penal, se consumó el campeonato para Pumas y los nervios se convirtieron, instantemente, en euforia; la ansiedad, en júbilo; y el sudor, en orgullo.

Al salir del estadio en los camiones, atravesamos ríos de gente para poder llegar al Ángel. Íbamos al ritmo de nuestro "Goya", uno de los gritos de guerra más populares del futbol mexicano que surgió en los años cuarenta y que fue impulsado por Luis *Palillo* Martínez, un joven que lideraba los grupos de animación en aquel entonces. Este cántico de años, coreado por las voces de miles de personas que ahí se congregaron, se sumó a los corazones que palpitaban junto al repiqueteo de los tambores y a la emoción... ondulante como la bandera. Esta es, justamente, la pasión del futbol.

Inmerso completamente dentro de aquella algarabía, recordé ese momento en el que, tres años atrás, me presenté a una reunión con Juan Ramón de la Fuente, quien llegó como rector de la Universidad Nacional Autónoma de México, después de que la máxima casa de estudios del país estuvo en huelga por un año. Esa famosa huelga de la UNAM fue un movimiento por parte de la comunidad estudiantil, que se inició un 20 de abril de 1999 y exigía la modificación del Reglamento General de Pagos dentro del sistema universitario.

Juan Ramón es alguien por quien siento un profundo respeto y una gran admiración. No cualquiera puede echar a andar un monstruo como la UNAM de más de 300 mil alumnos después de un paro tan largo. El primer acercamiento con el rector se dio a través del ingeniero Carlos Slim, quien tiene un cariño profundo por su *alma mater,* sentimiento que, sin duda, le serviría a De la Fuente para pedir su ayuda para restaurar positivamente el ambiente universitario. Un nuevo presidente para el equipo de futbol sería un gran movimiento estratégico. Y si algo tiene el ingeniero Slim, además de su gran visión de negocios, es su capacidad para identificar a la persona indicada para el reto indicado, por lo que tuve la fortuna de que pensara en mí, gracias a que él sabía lo mucho que me apasiona este deporte.

El proyecto me emocionaba muchísimo. Mi primer encuentro con el rector fue una conversación muy amena en la que me hizo un par de preguntas y concluyó con una frase que cambiaría el curso de mi vida en los próximos años: "Tú eres el nuevo presidente de Pumas". Esa tarde, uno de los retos más hermosos de mi carrera había comenzado. Estar al frente de Pumas fue un gran emprendimiento; además, tuve el privilegio de trabajar muy de cerca con quien hasta hoy sigue siendo uno de mis grandes mentores, el Dr. José Narro Robles, quien años después también se convertiría en rector de la máxima casa de estudios. Este gran proyecto me forzó a poner a prueba muchas habilidades personales, pero también de negocios. Porque, a pesar de todo lo hermoso de este deporte, que es capaz de unir a familias y países completos, al final del día, como negocio, tiene que ser rentable. Y por esta razón, no se escapa **del principio más básico de los negocios: los ingresos deben ser, siempre, mayores a los gastos.**

Esta es la primera regla que no debes perder de vista nunca **en tu negocio o en tu emprendimiento. Debes buscar siempre la rentabilidad. Si esto no lo consigues, entonces no tendrás en realidad un negocio, tendrás solo un *hobby* que puede ser muy caro y que no podrás mantener por mucho tiempo.**

Para mí, en el futbol, los "clientes" son la afición, y los productos que les vendes son las emociones y las alegrías. Y cuando tomé las riendas, el equipo estaba en deuda con "sus clientes".

Cuando tomé mi puesto como presidente del club, lo primero que hice fue analizar el entorno. El equipo estaba en una situación crítica. Parecía que "el árbitro de los negocios" había marcado un par de penales a favor de dos poderosos adversarios: la bancarrota y el descenso. Pero en los negocios, como en la vida, como ya sabemos, es justo en los momentos de crisis cuando encuentras las mejores oportunidades, así que había que poner manos a la obra para descubrirlas.

> «Los chinos utilizan dos pinceladas para escribir la palabra crisis. Una pincelada significa peligro, la otra, oportunidad. En una crisis, toma conciencia del peligro, pero reconoce la oportunidad.»
>
> John F. Kennedy

El equipo tenía una deuda de 6 millones de dólares y estaba en la antepenúltima posición de la tabla, coqueteando con el descenso. Al Estadio Olímpico Universitario (CU) entraban, en promedio, unas 4 mil 800 personas por partido, cuando el aforo es de 60 mil. Pero, así como había aspectos negativos y grandes áreas de oportunidad, también pude notar que Pumas tenía ciertos ases bajo la manga que lo hacían único. Por ejemplo, muchos de nuestros jugadores eran la base de la selección nacional y teníamos las mejores fuerzas básicas de México. Esto era gran parte de sus activos, pero no eran los únicos: el equipo ocupaba la cuarta posición en cuanto a las preferencias de la afición mexicana. De hecho, Pumas es el primer equipo en México al que la gente le va como segunda opción. Es decir, si le vas a las Chivas, muy probablemente los segundos de tu lista sean los Pumas. Y esta situación es una gran ventaja para temas de negocio. Si eres el patrocinador oficial del Club América, existen altas posibilidades de que los consumidores que son fanáticos de Chivas no compren tu producto porque, como sabemos, históricamente ahí existe una rivalidad natural. Pero con nuestro equipo no pasaba lo mismo. Entonces las marcas podrían conseguir un espacio seguro para promocionarse. ¡Ahí había una oportunidad! Una de varias que solo esperaba ser capitalizada.

Los tres pilares de los ingresos de este negocio: patrocinadores, derechos televisivos y boletos

Como ya te lo comenté, al entrarle a un nuevo negocio o al emprender uno, lo primero que debes hacer es informarte sobre su funcionamiento en líneas generales. **Tienes que convertirte en el mejor estudiante. En la persona que más conoce tu industria y tu competencia. Reconocer tus fortalezas y tus debilidades; contra qué y contra quiénes te estás enfrentando. No hay otra opción si de verdad quieres conseguir resultados.** Comenzando por los indicadores macro hasta llegar a entender el más mínimo detalle de lo que impacta el negocio en todos sus frentes. Hay que entender los precios, los costos, el margen, los estándares de calidad y todos esos pequeños indicadores que luego resultarán muy valiosos para tomar buenas decisiones. Incluso tienes que identificar cuáles son tus puntos ciegos, estar atento a las cosas que la empresa y sus líderes aún no han visto.

Esto es justamente lo que hice desde el primer día en que tuve el privilegio de sentarme en aquel viejo escritorio de la Universidad, pedí informes de todo e hice muchas preguntas. En su mayoría, la gente respondía y tenía una gran actitud. Empecé a notar, casi de inmediato, que había un gran equipo en esta alineación fuera de la cancha, lo cual es un eslabón importantísimo para conseguir buenos resultados. Conservé a casi toda esa cantera, salvo al director de Finanzas, a quien tuve que despedir a los tres días de mi llegada porque no pudo entregarme un estado financiero, no tenía información precisa sobre los números, y las cuentas nunca le salieron. Este es un grave error que muchos emprendedores cometen. Por eso **es muy importante que conozcas tus números, este es un consejo vital que puedo ofrecerte. Tus números son el estado de salud de tu negocio, es una radiografía completa de lo que está sucediendo.** Solo así sabrás en qué áreas estás gastando de más o de menos, en qué otras necesitas un empujón y en cuáles debes hacer algunos ajustes y recortes.

Y retomando el penoso episodio del despido, tengo para ti otra recomendación. **Como líder, en muchas ocasiones tendrás que tomar decisiones muy duras**, y sacar a alguien del equipo porque no está alineado con los objetivos que persigues es una de esas decisiones. **Es un escenario inevitable en los negocios: en algún momento tendrás que despedir a alguien cuando sea necesario.** Mejor que se vaya uno a que más adelante tengas que cerrar el negocio.

> «Las grandes cosas
> en el trabajo nunca son hechas
> por una sola persona,
> son hechas por un gran equipo.»
>
> Steve Jobs

A medida que las semanas avanzaban, poco a poco empezaba a tener una visión más clara del reto a vencer, sobre todo al meterme de lleno a uno de los temas más estratégicos: los ingresos. Me informé sobre el valor de los patrocinios, los derechos de televisión y las ventas de boletos de entrada a los juegos. Los tres pilares fundamentales sobre los que se construye este negocio deportivo. Después de mis hallazgos, había que tomar muchas decisiones y cambiar muchas cosas que no estaban funcionando. Una de estas primeras decisiones tenía que ver con uno de los patrocinios más importantes del equipo. Una marca de ropa muy reconocida en el mundo, que tenía el contrato con Pumas para ser la representante oficial de la plantilla, pagaba una suma realmente ridícula. Unos 100 mil dólares por temporada. Una cifra que, según mi investigación de mercado, era completamente irrisoria. Había una diferencia porcentual muy grande en comparación con otros equipos y otros patrocinadores. Mi primer acercamiento con el director de esta marca fue amistoso. Tan solo quería hacerle ver la desventaja económica que implicaba este acuerdo entre nuestras empresas. Su respuesta fue menos amistosa que mi acercamiento.

"Pues lo siento mucho pero así está estipulado según el contrato. No se puede hacer nada", sentenció.

Entonces, ateniéndonos al acuerdo legal, busqué cuáles eran las cláusulas que amparaban una recesión del acuerdo y ahí noté que muchas de ellas habían sido incumplidas por su parte. Después de agotar todas las posibilidades de negociación e intentar los canales de la conciliación, hice que un notario registrara estas faltas al contrato por parte de la marca para recopilar la evidencia suficiente y lograr rescindir el acuerdo entre ambos.

Este primer trago amargo tuvo un final feliz. Lotto se apuntó para ser la marca oficial que fabricaría los uniformes de los jugadores, pagando 2 millones de dólares por temporada, es decir, 20 veces más que el contrato anterior.

Esta primera estrategia de inmediato comenzó a sumar a la columna de ingresos que tanto necesitábamos.

Definitivamente fue una jugada de pase dentro del área y, sobre todo, bastante oportuna. Hacer equipo con Lotto nos dio mucho más que solo camisetas, pues en conjunto diseñamos una línea de ropa femenina y masculina, pensando en la posibilidad de tener una tienda completa de ropa del equipo e incrementar los ingresos. Esto era el nacimiento de un fenómeno que en unos pocos meses se conocería con el nombre de la "Pumanía". La ropa divertida y casual, el juego bonito, el estadio a reventar y los títulos que ganaríamos pondrían a Pumas de moda. Una moda a la cual todos querían pertenecer. Hasta el príncipe de Mónaco fue retratado para una entrevista de la revista *Hola* luciendo su playera de Pumas. Pero además del príncipe, muchos más querían también una foto con la nueva playera, así que convertimos en una especie de *influencers* a todas aquellas personalidades que eran fanáticas de Pumas y que venían al estadio, esto en una época en donde las redes sociales ni siquiera soñaban con existir. Nosotros buscábamos los canales y las formas de hacer ruido, especialmente cuando tipazos como Diego Luna y Gael García Bernal, *Los Charolastras*, venían a disfrutar de los partidos vistiendo sus playeras del equipo. Pasó lo mismo con actrices como Susana Zabaleta, periodistas como Joaquín López-Dóriga, Carlos Loret y muchos otros intelectuales, artistas y hasta políticos. Fue toda una estrategia de marketing y posicionamiento muy bien articulada, que tenía el objetivo de crear algo más que un equipo deportivo: estábamos creando una marca. Esta gran jugada de marketing e imagen no solo abonó a los resultados en la cancha, sino que era completamente innovadora.

Cinco puntos básicos para crear una marca exitosa:

1. Define el propósito de tu marca. Asegúrate de que el propósito de tu marca salga de tu esencia personal y que siempre seas consistente con lo que representa y el para qué existe.
2. Entiende el mercado donde vas a competir. Aprende las categorías directas y cercanas en donde tu marca va a entrar, pero nunca imitando y siempre innovando.
3. Encuentra y describe lo que te hace único. Identifica por qué tu producto o servicio es la mejor solución al problema que resuelves y lo que motivó a crear tu marca. Sé real con tus razones: es más valorado ser auténtico e imperfecto que perfecto y falso.
4. Diseña una experiencia *sorprendente*. Que todos los puntos de contacto con tu cliente, en tu producto o servicio (la publicidad, el punto de venta, el servicio al cliente, etcétera) sean una oportunidad para que tus clientes tengan una experiencia extraordinaria.
5. Crea un impacto positivo en tu comunidad. Ten como objetivo final el bienestar integral de tus colaboradores, clientes, las comunidades que impactas

y el medio ambiente, para que algún día tu marca deje huella en la historia.

En tu negocio debes buscar siempre la forma de innovar; tus fórmulas de éxito del pasado no te garantizan el éxito en el futuro, así que hay que buscarle, implementar nuevas estrategias de posicionamiento, apalancarte de la imagen y visibilidad de otros; en fin, ser creativos e innovar es lo que lleva a las empresas a diferenciarse de sus competidores y a dar pasos firmes hacia el éxito.

Además, **con la Pumanía habíamos conseguido algo increíble que tú también debes hacer como empresario en tu negocio: enamorar a tu cliente.** No basta con lograr que el consumidor esté satisfecho, hay que buscar la mejor manera de hacerlo sentir especial y único. Que quiera regresar una y otra vez a tu negocio, que le guste el trato, el servicio, el precio, la experiencia. ¡Todo! Y eso es justamente lo que la gente encontraba en el estadio de CU en cada partido: una gran experiencia.

«El consumidor olvidará lo que dijiste, pero jamás olvidará lo que le has hecho sentir.»

Eric Kandel

Y las nuevas camisetas no solo les habían dado nuevas alegrías a nuestros corazones y más visibilidad, sino que también nos ayudaron a saldar una importante deuda que teníamos con la Secretaría de Hacienda. Durante esos años, ellos promocionaban el "Boletazo", un programa que fortalecería la fiscalización de las pequeñas empresas y que generaría ahorros tributarios a la banca. La Secretaria de Hacienda necesitaba publicidad y nosotros necesitábamos reducir el saldo de nuestra deuda con ellos. El uniforme de Pumas fue el sitio perfecto para que publicitaran su programa y, a cambio, tuvimos nuevos ingresos para eliminar algunos pasivos de nuestra contabilidad. Este partido con Hacienda fue uno de esos casos exitosos en donde ambos equipos ganamos, así que ambos equipos nos marchamos a casa con un buen estrechón de manos y con el trofeo de la victoria.

Estas primeras acciones de negocio no se habían hecho directamente en la cancha, pero con el tiempo, su impacto se vería reflejado en ella. Al incrementar considerablemente el nivel de ingresos y reducir nuestros pasivos, hicimos al equipo más rentable, y de esta forma pudimos invertir en jugadores y en otro tipo de estrategias.

El siguiente reto que enfrenté tenía que ver con el segundo pilar del negocio: los derechos de televisión. Para los primeros años de la década del 2000 solo existían dos televisoras. Una transmitía los partidos de algunos equipos, y la otra, del resto. Con este escenario las negociaciones se hacían bastante complejas. Pero mis buenas relaciones con los directivos de ambas televisoras sirvieron para anotar unos cuantos goles a favor del equipo. **En tu negocio no debes escatimar acciones que**

ayuden a mejorar la rentabilidad, por pequeñas e inofensivas que parezcan. Aunque si bien tienes que enfocarte en aquellas decisiones que produzcan mayores resultados, todas las acciones suman, especialmente si traen beneficios positivos en el corto y mediano plazo.

Y con todos estos avances en la reestructura del equipo, ya había tomado acciones sobre dos de los tres pilares más importantes del negocio. Ahora, faltaba la cereza en el pastel: los boletos. Y aquí había que hacer algo quizá mucho más audaz que todo lo anterior. La clave estaba en las porras. Sí. Todo dependería de La Rebel, de La Ultra y de La Plus.

«Hay dos condiciones fundamentales tanto para los negocios como para otros aspectos de la vida: estas son la aptitud y la actitud. La aptitud es lo que conoces y lo que sabes. Pero también es básico tener claro lo que no conoces o no sabes, para complementarte con un buen equipo que, teniendo distintas capacidades y habilidades,

comparta tu misma visión
y convicción. La actitud muchas
veces es más importante que la
aptitud; son las ganas de hacer,
de aprender, de conocer y de que
ningún obstáculo te pueda detener.
La buena actitud te lleva a disfrutar
el camino, y no solo el destino.»

Marco Antonio Slim para
#AprendiendoAAprender

Aumentando las ventas de boletos con... *¿walkie-talkies?*

El escenario estaba más que claro: los fanáticos no estaban viniendo al estadio porque los resultados de su equipo no eran los mejores. Sin embargo, a esta causa se le sumaba otra muy importante: nadie se sentía seguro en el Estadio Olímpico Universitario. El motivo: las barras bravas.

Este concepto de las barras extremadamente apasionadas nació en Argentina. Y no tardó en ganar popularidad a través de todo el continente. En México comenzó a conocerse el término de "barra brava" a finales de la década de los noventa, cuando nació la porra Ultra Tuza del equipo Pachuca en 1996.

El ambiente de las gradas no era seguro, no era familiar y no era atractivo para la venta de los boletos. Aunque esto no ocurría solo en nuestro estadio, ni solo en México. Nunca podré olvidar aquel episodio en el que fuimos recibidos a pedradas por los hinchas del Boca Juniors en una final sudamericana. Las piedras se escuchaban como una fuerte granizada sobre nuestro camión, en medio de una de las tardes más soleadas que he visto. Pero el que esté libre de pecado que tire la primera piedra, ¿no? Así que yo no podía quejarme del inusual recibimiento, porque en nuestra propia casa también había que ponerles atención a las barras bravas.

Por esta razón, mi siguiente estrategia fue agendar una reunión con los líderes de las hinchadas. Mi encuentro con *El Nariz*, con *El Hierbas*, apodado así por ser el creador de todos los cánticos... ya imaginarás el origen de su inspiración; *El Anorexias*, un tipo que pesaba entonces más de 180 kilos; mi tocayo, Arturo, y Germán, todos ellos líderes de las barras, ocurrió en el restaurante Arroyo, el recinto perfecto al sur de la ciudad y cerca del estadio.

El objetivo era tener un acercamiento con las figuras clave, quienes potencialmente podrían ser nuestros aliados. La estrategia era tener primero un buen gesto, sacarlos de la cancha y llevarlos hacia una conversación constructiva amenizada por unas cervecitas un viernes por la tarde. Entonces, bajo aquel techo repleto de banderines de colores y con el mariachi tocando "Cielito lindo" de fondo, comencé la conversación.

—A ver, ustedes lo único que quieren, al final del día, es que su equipo sea campeón. Pero para eso se necesita lana para comprar buenos jugadores. Y para que podamos tener lana, necesitamos vender boletos. Necesitamos que se llene el estadio. Entonces queda de su parte: o renunciamos al sueño de ser campeones para siempre, o todos colaboramos desde nuestras trincheras para convertir el estadio de cu en un sitio padrísimo, lleno de competitividad deportiva sana; un lugar al que pueda venir el papá con sus hijos, el abuelito con sus nietos, los recién casados con sus chavitos en los brazos; un entorno en donde ustedes sigan siendo parte del principal grupo de animación y en donde, además, podamos ver a nuestros Pumas ganar.

No sabía qué esperar, pero su respuesta fue mucho mejor de lo que imaginé.

—Mil gracias, presi. Es la primera vez que alguien de la directiva se nos acerca, nos toma en cuenta y además nos invita a una comida.

La conversación fue cordial, a gusto, respetuosa y fue el inicio de una buena relación entre nosotros. Negociar con personas inteligentes siempre resulta muy gratificante. Estos hombres lo eran, solo así podrían ser los líderes de esos grupos de animación de más de 10 mil integrantes. Durante los partidos, en especial cuando el equipo iba mal y de malas, ellos podían ser altaneros, violentos y crear tensión en el ambiente. Pero conmigo, sentados en el Arroyo, fueron líderes, estrategas y buenos negociadores.

Y es que la base del éxito en tu negocio será tener buenos aliados. Hacer sinergias con tus empleados, con tus clientes, con tus proveedores y hasta con tu competencia. Para ello, tienes que poner interés en lo que ellos necesitan. **La clave para conseguirlo está en hacer buenas preguntas y escuchar con atención. La información que obtienes te dará detalles específicos acerca de lo que es realmente importante para tu contraparte y esto te ayudará a proponer opciones, soluciones y acuerdos *ganar-ganar*.**

Y en este caso, fueron ellos los que trajeron las soluciones y las propuestas a la mesa.

—Jefe, la policía se pone muy brava en el estadio y eso nos acelera. Déjelos custodiando afuera, pero permítanos encargarnos nosotros mismos de la seguridad adentro.

Lo que proponían era arriesgado, pero continué escuchándolos.

—Ya verá que, si hay bronca, nosotros mismos los aplacamos y sacamos a los involucrados —propuso El Anorexias.

Yo guardaba silencio y escuchaba con atención sus propuestas. Un buen líder es casi siempre el último en hablar. Ceder la palabra es un gran don que no todos tienen y te sugiero desarrollar. Al final de sus argumentos, que eran sumamente válidos, simplemente cuestioné:

—¿Qué necesitan entonces para encargarse?

Su respuesta me dejó sorprendido. Lo único que pedían eran *walkie-talkies* para comunicarse entre ellos y estar al tanto de todo lo que sucedía en el estadio de CU. Estos aparatos costaban mil pesos. Tan solo mil pesos. Ese fue el precio que tuvimos que pagar, más las comidas en el Arroyo, para que en cuatro años no tuviéramos más inconvenientes dentro del estadio. En ese lapso, solo ocurrió uno en un partido de la Copa Sudamericana. ¡Nada más! Aquella primera reunión fue todo un éxito y marcó el comienzo de una bonita relación con estos líderes, con los que, hasta el día de hoy, conservo una amistad y un gran cariño.

> «Un líder lleva a las personas a
> donde nunca habrían ido solas.»

> Hans Finzel

Pero restablecer la confianza en los fanáticos no fue una acción que logramos de la noche a la mañana. Fue un trabajo de meses, tuvimos que dejar que se corriera la voz, pero eso sí, debíamos asegurarnos de tener un equipo que marcara goles y le regalara nuevas ilusiones a su fanaticada. Nadie quiere ir al estadio para ver perder a su equipo. Al contrario, quieres ir a ser el testigo de sus victorias y disfrutar del balón rompiendo las redes del equipo contrario. La estrategia con la barra comenzó a dar resultados y, además, parecía que los astros se estaban alineando para impulsarnos: un nuevo director técnico estaba en la cancha.

El mejor futbolista que ha tenido México volvía al Estadio Olímpico Universitario como entrenador del club y eso generaba mucha expectativa.

Los asientos comenzaron a llenarse, porque los asistentes sabían que los domingos en la cancha eran nuevamente una fiesta. Se divertían, se sentían seguros, veían a su equipo jugar bien y, además, ganar. Se creó un efecto de bola de nieve. Aunque a veces a las bolas de nieve tienes que darles su empujoncito. Pasamos de 5 mil boletos vendidos a 10 mil. Era sin duda un gran avance, pero el estadio tiene un aforo para seis veces eso. Y en términos de gastos operativos, daba lo mismo meter 10 mil que meter 11 mil, 13 mil o 50 mil. Fue así como comenzamos a hacer promociones siempre enfocadas en la familia. Celebramos el día del padre, de la madre, del abuelo y vendíamos boletos para los adultos, pero dejábamos entrar gratis a los niños. Así garantizábamos el ambiente familiar que queríamos en las gradas, y con esto la Pumanía estaba a todo lo que daba. Entonces conseguimos el tercer pilar del negocio: llenamos el estadio.

Con las tres bases principales del negocio marchando, me dediqué a las pequeñas cosas, que también benefician la ecuación de ingresos versus gastos. Por ejemplo, La Rebel vendía playeras piratas del equipo. Pero juntos trabajamos para que obtuvieran una licencia de la UNAM. Este fue el fin de la piratería en el estadio. También se redujeron los costos de los viajes, que eran muy frecuentes y, evidentemente, necesarios. Se hicieron tratos publicitarios con aerolíneas, autobuses y cadenas hoteleras. Nunca más tuvimos que gastar un peso en hospedaje.

Y es que uno de los pilares más importantes del éxito de tu negocio es la administración y el control de los costos. Sin duda proporciona una ventaja competitiva que es esencial en un mercado tan reñido como el del futbol, pero también en el mundo de los negocios, en general. Así que, como emprendedor y empresario, debes buscar implementar políticas y estrategias para controlar los costos, sin que esto afecte la calidad de tu producto o servicio, ni la satisfacción de tus clientes.

Y así, uno a uno, se iban sumando los esfuerzos que nos estaban dando los resultados, pero hubo una estrategia que considero fundamental en el éxito que alcanzamos. Habíamos conseguido una hermandad entre jugadores, directiva, cuerpo técnico y afición. Yo conocía a los futbolistas de cerca, al grado de saber hasta cuando les dolía una muela o si tenían algún problema en su casa. Todo, todo lo sabía. Y el carácter familiar que habíamos recuperado no se limitó a las gradas. De hecho, cuando instalaron la pantalla que adorna el estadio y que fue en su momento la más grande de todo México, invité a jugadores, técnicos y sus familiares a disfrutar de ella. Nos acostamos en el césped del estadio y proyectamos una película en aquel monstruo impresionante que la Cervecería Corona había patrocinado. Aunque las bebidas alcohólicas no podían tener protagonismo en las camisetas, logramos conseguir un buen *spot* para que la marca se sintiera emocionada de apoyarnos al 100%, sin invertir dinero de nuestros bolsillos. Aquella legendaria pantalla del Estadio Olímpico Universitario tenía el nombre de Pumas y el apellido de Corona. Este había sido otro golazo que derivó de una buena negociación y de una gran creatividad para brincar las barreras que se te presentan. Porque pudimos tener un muy buen patrocinio de una gran marca de cerveza, aunque la legislación prohíbe la promoción de alcohol en ciertos aspectos del deporte. Y como emprendedor o dueño de tu negocio, tendrás que **buscar formas creativas de darle la vuelta a los problemas, de encontrar las formas, de buscar el "cómo sí" y de olvidarte de creencias como el "eso no puede hacerse", o el "siempre lo hemos hecho de esta forma".**

Tres pilares de un negocio que perdura en el largo plazo

- **Creatividad:** capacidad de crear y producir cosas nuevas, que además sean de valor. Es la manera en la que nuestro cerebro trabaja para buscar llegar a nuevos desenlaces que resuelvan los mismos problemas de siempre, pero de forma novedosa.
- **Innovación:** es común confundir este término con la creatividad. Y es que los tres conceptos de esta lista tienen muchas similitudes. La innovación no son solo las ideas. La innovación sucede

cuando se implementa una nueva idea que, además, añade valor.

- **Disrupción:** es implantar acciones bruscas que creen un cambio determinante. Es ver más allá.

De acuerdo con un estudio realizado por KPMG International sobre las Perspectivas Globales de CEO 2017, las prioridades de las empresas son: moverse a una mayor velocidad ante el mercado (27%); fomentar la innovación (23%); implementar tecnología disruptiva (21%); basarse más en datos (20%) y digitalizar los negocios (19%).

«Crean en ustedes mismos. Sobre todo, los jóvenes. A los viejos nos cuesta o nos costaría triunfar con las nuevas herramientas, pero ustedes nacieron con ellas. Usen eso, crean en ustedes, que el futuro les va a llegar al presente.»

Julio María Sanguinetti,
expresidente de Uruguay para
#AprendiendoAAprender

Hugo Sánchez y su carta a los Reyes Magos

De la parte del negocio ya nos estábamos encargando, y poco a poco, estrategia tras estrategia, todo estaba empezando a caminar. Ahora el equipo también tenía que hacer cambios en la cancha que beneficiaran al club sumando victorias. Para ello, se había hecho una contratación clave en la dirección técnica. Nada más ni nada menos que el mismísimo Hugo Sánchez. Y a pesar de que actualmente nos tenemos mucho cariño y un gran respeto, nuestra relación comenzó con un punterazo al balón con el pie izquierdo.

Hugo entró al equipo casi al mismo tiempo que yo. Recuerdo que a su llegada yo estaba de vacaciones en Acapulco con mi familia, así que no tuvimos el privilegio de conocernos en persona. Nuestro primer acercamiento se dio a través de una conversación telefónica. Dos días más tarde de aquella charla, revisaba el periódico mientras tomaba mi rico café de la mañana, cuando vi una foto de Hugo con un titular enorme que decía: "Si los Reyes Magos no me traen jugadores, no voy a llegar a ningún lado". Era una pedrada, una insinuación directa para mí. En ese momento, Hugo me había convertido en Melchor y compañía.

A mi regreso a México nos reunimos para comer. Hugo llegó 15 minutos tarde a la cita. Yo lo interpreté como una forma de "marcar territorio" en nuestra relación que apenas estaba comenzando. Quería dejar claro, quizá, su principal activo en ese momento: su figura de ídolo. Pero yo iba con otras estrategias en mi plan de juego, la de conciliar y la de hacerle entender un punto indispensable: sí, él era el ídolo, claro, y por serlo tenía toda mi admiración y respeto, pero yo era el presidente del club. Me la estaba rifando con este argumento, porque a mí nadie me conocía. Pero Hugo es un hombre brillante y lo tomó bastante bien. Quedamos en que si teníamos algo que decirnos, lo haríamos frente a frente y no a través de "periodicazos". Comprendimos que teníamos que llevarnos bien. Nos convenía a los dos, pero, sobre todo, le convenía a Pumas. Cada uno hizo lo que le correspondía: él, trabajar en la cancha y darle personalidad al equipo, y yo... montarme al caballo, al camello y al elefante.

Y esta fue para mí una gran lección. **La mejor forma de darte a respetar como jefe es entender que, muchas veces, las personas que trabajan para ti saben mucho más que tú y tienen más experiencia en su área.** Y es normal, no puedes saberlo todo o ser bueno en todo. Tienes que ser lo suficientemente humilde para aceptar que otros pueden ser mejores que tú en muchas cosas y debes aprender a escucharlos y dejarte guiar. Como dijo alguna vez Steve Jobs: "No contratamos gente inteligente para decirle lo que tiene que hacer, la contratamos para que nos diga lo que tenemos que hacer". Y justo en la cancha ya teníamos al mejor, al más inteligente, al que nos diría exactamente lo que habría que hacer para sumar victorias y campeonatos.

En esas épocas Melchor, Gaspar y Baltasar le trajeron a Hugo lo que pudieron. Pero a medida que la situación económica del equipo fue mejorando, los regalos
fueron más de oro y menos de incienso y mirra.

Mis tenis amarillos y el estadio Santiago Bernabéu

El Trofeo Santiago Bernabéu es un torneo que, año
tras año, es organizado por el Real Madrid. Una tradición que se mantiene desde 1979 y que está dedicada a
la memoria de Santiago Bernabéu, quien fue futbolista
y presidente del club. Es un partido que siempre se
disputa antes de comenzar la temporada española.

Para poder participar tienes que recibir una invitación, y gracias a que Hugo Sánchez era muy amigo de
Emilio Butragueño, director deportivo del Madrid en
ese momento, fuimos invitados a esta celebración deportiva en su XXVI edición. Era agosto del 2004.

Cuando les contaba a mis amigos: "Nos vamos para
España a jugar contra el Madrid", solo se reían y hacían
chistes sobre la goleada que seguramente recibiríamos.
Creo que sus burlas tenían sustento, era difícil imaginar
otro escenario cuando el club blanco estaba viviendo lo
que hoy se conoce como su "era galáctica", un nombre
creado por la prensa deportiva española. Y es que, en
la primera etapa de Florentino Pérez como presidente,
las contrataciones hicieron que la plantilla no contara

con simples jugadores, sino con "galácticos". Nombres como Luis Figo, Zinedine Zidane, David Beckham, Ronaldo, Roberto Carlos, Raúl González e Iker Casillas engalanaban la alineación de este *dream team*. Pero yo, en el fondo, tenía una corazonada. A pesar de que sabíamos que sería una misión difícil, también sabíamos que teníamos un técnico que conocía el Bernabéu como la palma de su mano, y, además, teníamos algo que ellos no tenían: un equipo unido y con hambre de victoria... Con muchas ganas y con todo por ganar. Esta era una combinación muy poderosa y letal, algo que le faltaba al rival que estaba acostumbrado a tenerlo todo.

Un día antes del encuentro, mientras los Pumas entrenaban ya dentro del Bernabéu, decidí visitar el estadio por la mañana, acompañado de mi familia y unas parejas de amigos que viajaron con nosotros a España. Mi plan era disfrutar de una de las "cascaritas" que habíamos popularizado en los entrenamientos. En México acostumbraba irme todos los sábados a la cancha donde entrenaba el equipo, ya que Hugo organizaba esos partiditos informales para que yo pudiera jugar. Esto ya era parte de un ritual que unificaba al equipo. Yo, que soy un delantero cazagoles, siempre bromeaba con los jugadores: "O me la pasas o te corro". Todos reíamos. Y claro, teniendo este beneficio de ser el presidente del club, ¡cualquiera se convierte en el "Pichichi"! Así que aquel día de verano español, llegué al enorme Bernabéu con mi *look* deportivo, listo para cazar goles. Traía *shorts* y unos tenis marca Puma amarillos... espantosos.

El policía que custodiaba el majestuoso estadio no creyó que alguien con mis fachas pudiera ser el presidente del equipo invitado. Entonces no me dejó pasar. Mis tenis me estaban dejando en vergüenza frente a mis amigos. "Oiga, pero si llama por su radio a alguien verá que le estoy diciendo la verdad. Yo traigo mi identificación", insistí. Pero nada.

De no ser porque alguien del personal técnico salió en ese momento y me saludó efusivamente con un "¡Hola, presi!", no me habrían dejado pasar. Jamás me hubiera imaginado que mis tenis casi me hacían perderme la oportunidad de echarme una cascarita en el pasto de las mil leyendas y de las historias gloriosas. Pero definitivamente esta no iba a ser la experiencia más gratificante que tendría durante el viaje.

En contra de todo pronóstico y de las burlas de mis amigos, ese 31 de agosto, Israel Castro disparó el balón con un "tiro de tres dedos" y la envió con una gran potencia adentro de la portería del Madrid. Esto sucedió en el minuto 70 del partido, y fue el gol que nos hizo merecedores a este importante trofeo. Nuestra hambre de ganar fue más fuerte que los nombres y apellidos de los galácticos.

Esta es otra gran lección de negocios: **no es el dinero o la idea millonaria lo que hará ganar a tu empresa necesariamente. Más bien encontrarás que la ejecución, la pasión, el enfoque, la estrategia y el trabajo en equipo serán los responsables de que las cosas sucedan y tengas éxito en tu negocio.** He escuchado a cientos de emprendedores echarle la culpa a la falta de capital, a la situación del país, al gobierno o a la competencia, cuando las cosas en su empresa no andan bien. Yo pienso un poco distinto. Porque esos factores externos no son siempre determinantes y es, más bien, la pasión por lo que haces y la actitud con la que enfrentas las adversidades lo que construye el puente entre tu negocio y el éxito.

De hecho, esta pasión y entrega de Pumas también fue aplaudida por Florentino Pérez, presidente del Real Madrid. Durante el encuentro, fui invitado por él al palco, en donde no dejaba de repetirme: "Joder, chaval, cómo corren tus muchachos". Lo dijo al menos unas cinco veces. Algo especial teníamos y se hacía notar. Y Florentino no lo decía por quedar bien, lo decía porque era verdad. Además, la tarea de quedar bien con nosotros ya la había cumplido con creces. Una noche antes me había invitado a cenar a un restaurante espectacular. Frente a Alfredo Di Stéfano, Emilio Butragueño y otros jugadores del Madrid con los que compartí mesa, me comentó grandes anécdotas del equipo y me hizo sentir muy acogido. Ese trato de caballeros que recibimos en España fue algo que quise implementar a mi regreso a México. Así nació la idea de sentar a los invitados en un palco especial en donde se servían los famosísimos tacos de canasta de CU.

Regresamos a México con un trofeo hermoso, muy significativo y una verdadera joya ganada con el corazón y con las piernas. Era el producto del esfuerzo, del compañerismo y de la ambición de los jugadores. Pero también regresamos con algo más, las camisetas del rival. Que, en este caso, era el rival al que todos los equipos de futbol del mundo soñaban con enfrentar y... ganarle.

Horas antes del juego, vi a los muchachos de Pumas en el vestidor echar volados para ver quién se quedaría con la camiseta de Zidane. Todos lo admiraban, pero al final hubo un consenso, y por unanimidad, el afortunado fue Jaime Lozano, porque todos sabían que era fanático del jugador francés desde niño. Así que, gracias al compañerismo de los jugadores, él guardaría un tesoro de su ídolo para toda la vida.

«Los individuos marcan goles, pero los equipos ganan partidos.»

Zig Ziglar

Unos años después de haber ganado ese trofeo enorme, plateado, precioso, supe que mi tiempo restante con Pumas estaba contado, pero que me retiraría por la puerta grande.

Vivir el futbol tan de cerca me apasionaba, a tal punto que me hicieron dos electrocardiogramas en los vestidores por la intensidad con la que vivía los partidos. Además, también tenía otras obligaciones con las que debía cumplir. Cuando llevas a un equipo de futbol de 6 millones de dólares en deuda a 8 millones de dólares en la caja, y cuando ganas todo —eres bicampeón, campeón de campeones, subcampeón sudamericano y cargas un trofeo como el Bernabéu—, lo que más deseas es inmortalizar ese momento de gloria. Así fue mi salida de Pumas. Un reto que, aunque nunca cobré un sueldo, representó una etapa de mi vida que siempre recordaré con el mayor de los cariños; el que siempre me emocionará y que me ha dejado grandes amistades, pero también grandes lecciones para mi vida personal y mi vida dentro de los negocios.

#ConsejosDelNegociador

✓ Nunca pierdas de vista la regla más básica de los negocios: los ingresos deben ser superiores a los gastos, de lo contario no tendrás negocio, tendrás solo un hobby, y muy caro.

✓ El ADN de un emprendedor es lidiar con los problemas y desarrollar la habilidad de convertir lo difícil en ventajas y oportunidades.

✓ Para ser un emprendedor exitoso, tienes que convertirte en el mejor estudiante, en la persona más conocedora acerca de tu industria, de tu competencia, reconocer tus fortalezas y tus debilidades y entender contra qué y contra quiénes te estás enfrentando.

✓ Conoce tus números. Son el estado de salud de tu negocio. Saber tus números es tener una radiografía completa de lo que está sucediendo con tu negocio o emprendimiento.

✓ Un gran emprendedor tiene que tomar ciertas decisiones muy duras. Sacar a alguien del equipo porque no está alineado con los objetivos que persigues es una de ellas.

✓ Debes buscar siempre la forma de innovar; tus fórmulas de éxito del pasado no te garantizan el éxito en el futuro.

✓ Enamora a tus clientes. No basta con buscar que el consumidor esté satisfecho, hay que buscar la manera de hacerlo sentir especial y único.

✓ No escatimes en acciones que ayuden a mejorar la rentabilidad, por pequeñas e inofensivas que parezcan. Enfócate en aquellas decisiones que produzcan mayores resultados, pero todas las acciones suman.

✓ En una negociación, saber escuchar con atención es una gran estrategia. Esto te ayudará a entender lo que es importante para tu contraparte y así podrás proponer opciones, soluciones y acuerdos *ganar-ganar*.

✓ Uno de los pilares más importantes del éxito en cualquier organización es la administración y control de costos. Como emprendedor, debes buscar implementar políticas y estrategias para controlarlos y reducirlos, sin que esto afecte la calidad de tu producto o servicio, ni la satisfacción de tus clientes.

✓ Busca formas creativas de darle la vuelta a los problemas, de encontrar el "cómo sí" y olvidar las creencias como el "eso no se puede hacer" o el "siempre lo hemos hecho de esta manera".

✓ Eres un buen líder cuando entiendes que, muchas veces, las personas que trabajan para ti saben más que tú y tienen más experiencia en su área. No puedes saberlo todo. Tienes que ser lo suficientemente humilde para escucharlos y así poder tomar decisiones.

✓ No es el dinero, o la falta de este, o la idea millonaria lo que le hará ganar a tu negocio. La ejecución, el enfoque, la estrategia y el trabajo en equipo son los responsables de que puedas conseguir los resultados que esperas, además de la pasión por lo que haces y la actitud con la que enfrentas las adversidades. Eso es lo que construye el puente entre tu negocio y el éxito.

SIEMPRE ESTÁS NEGO- CIANDO

TERCERA PARTE

«Nunca negociemos desde el temor y nunca temamos negociar.»

—John F. Kennedy

LOS MANDAMIENTOS
DEL BUEN NEGOCIADOR

En 1996 tuve el honor de haber sido invitado a colaborar en Telmex por una de las personas que más admiro y respeto, el ingeniero Carlos Slim. Su propuesta me emocionó mucho y me hizo sentir muy privilegiado, pero me puso ante uno de los dilemas más grandes que he tenido que enfrentar en mi carrera: formar parte de un gran equipo en uno de los grupos empresariales más importantes del mundo o seguir siendo mi propio jefe.

Aunque la oportunidad profesional era enorme y me sentía muy agradecido con el ingeniero por tomarme en cuenta, la decisión no fue nada fácil. Johanna —mi principal consejera en la vida y la asesora en la que siempre puedo confiar— y yo conversamos largo y tendido durante un par de semanas, y hoy, casi un cuarto de siglo después, puedo asegurarte que haberme sumado a este equipo fue la mejor decisión que pude haber tomado.

No solo porque tuve la oportunidad de empezar a jugar en las "grandes ligas" de los negocios, sino porque desde hace más de 20 años he tenido la fortuna de tener los mejores mentores, de hacer grandes amigos y de participar en las negociaciones más importantes de mi carrera profesional; mismas que me han dejado un conocimiento invaluable que nunca hubiese podido aprender ni en la mejor universidad del mundo, ni en la mejor escuela de negocios. Desde el inicio de esta aventura, he estado en una mesa de negociación, literalmente, miles de veces, y he participado en más de 70 adquisiciones y ventas de empresas.

Según explica Malcolm Gladwell, un autor que me encanta, en su libro *Outliers,* para alcanzar la excelencia en cualquier habilidad debes seguir la "regla de las 10 mil horas", la cual dice que para tener un desempeño de clase mundial en aquello que haces, debiste haber practicado al menos 10 mil horas. Y yo, que empecé en la tienda de mi papá desde muy chavito, negociando la compra de miles de rollos de tela y la venta de miles de uniformes para grandes empresas, he rebasado ese número con creces. Así que hoy me siento muy satisfecho de poder reconocer, con toda humildad, que soy un buen negociador. Porque además es algo que me apasiona y lo hago todos los días. Aunque en realidad mis habilidades como negociador, en esta etapa de mi carrera dentro del grupo, fueron puestas a prueba por el propio ingeniero Slim, incluso antes de entrar a colaborar con el equipo.

Unos meses antes de convertirme en el asesor de la Dirección General de Telmex, el ingeniero me puso un reto muy divertido, el cual requería de una negociación interesante: "¿Por qué no convences a tu amigo de que nos haga un comercial?".

Siempre he tenido una gran amistad con el portero de los mil colores y de las grandes atajadas, *El Brody* Jorge Campos. La idea era que prestara su imagen en un comercial de televisión para el servicio de larga distancia de Telmex. El anuncio fue un trancazo, un *home run* con la casa llena. En él, Jorge, quien estaba en Los Ángeles, hablaba con Marichú, quien estaba en Ciudad de México. Ella le había llamado al Brody por cobrar. ¡Imagínate! Vaya que han cambiado los tiempos.

Aunque Jorge es un gran amigo, sin duda fue una dura negociación, ya que además de buen portero es también un hombre muy inteligente y un gran negociador. Pero, finalmente, llegamos a un excelente acuerdo en buenos términos para ambas partes. En cuanto cerramos, llamé al ingeniero para darle la noticia de que la misión había sido cumplida, y le pregunté si era posible pasar a saludarlo para que conociera al portero y nuestro actor estrella. El ingeniero aceptó con gusto, pero jamás me imaginé que este pequeño acto de cortesía y el hecho de haber ayudado a que Jorge Campos fuera la imagen de Telmex en el anuncio iba a provocar que la primera impresión con mi futuro jefe, Jaime Chico Pardo, no fuera la que me hubiera gustado. Jaime sintió que no lo tomé en cuenta, así que la primera negociación que tuve que hacer en mi nuevo empleo fue con él. Y es que el de Jaime no es cualquier nombre, era el director general de Telmex y un gran operador.

El ingeniero Slim me solicitó que me presentara en la oficina de mi futuro jefe en mi primer día de trabajo. Yo, por supuesto, respetaba mucho a Jaime aun sin conocerlo a fondo, así que mi intención era empezar esta relación con el pie derecho. Cuando entré a su oficina, en un acto de humildad profesional, le ofrecí mi absoluta disposición a colaborar con el equipo y le expliqué cómo se había dado la negociación con Jorge Campos. Mi objetivo era eliminar cualquier malentendido provocado por esta situación, asegurándome así de que construiríamos una relación fructífera y ganadora entre ambos. Y eso fue exactamente lo que sucedió. Jaime tomó muy bien el hecho de que tuve la modestia de disculparme por no haberle informado en un primer momento de este asunto. Una clave indispensable en los negocios y en la vida es tener la humildad para saber pedir perdón de forma genuina, cuando sea necesario, con el fin de no poner en riesgo una relación. Una vez aclarado el tema, hicimos un gran equipo. Y aunque esta primera interacción con mi jefe tuvo tintes de una breve negociación —en términos más personales que de negocios—, me sentí satisfecho al saber que ambos salimos victoriosos del encuentro.

Este es, justamente, mi primer mandamiento de toda negociación efectiva: **si ambas partes no resultan ganadoras, entonces no fue una buena negociación.**

Yo le ofrecí a Jaime mis ganas, mi experiencia y mi disposición para construir un gran equipo de trabajo. Él, en cambio, me ofreció apoyarme y *coachearme* en mi camino. Se trataba de un gran acuerdo que nos beneficiaba a ambos, aunque debo reconocer que me favorecía más a mí que a él.

Existen muchos estilos de negociación, pero puedo asegurarte que este modelo de *ganar-ganar*, que es el que yo he practicado desde siempre, es muy efectivo y brinda grandes resultados. Más que una técnica, es una filosofía de interacción. Así la describe Stephen Covey cuando habla sobre el *win-win* como parte de los siete hábitos de la gente altamente efectiva.

Si ambas partes ganan, no solo estás consiguiendo un buen negocio, sino que estás construyendo los cimientos para más negocios futuros.

> «*Ganar-ganar* es creer en una tercera alternativa. No es a tu manera, no es la mía, es una mejor manera. Una más elevada.»
>
> Stephen Covey

Las buenas relaciones son de los principales activos que puedes construir en tu carrera como empresario, y estas solo se construyen cuando ambas partes ganan en el juego. El buen sabor de boca que te deja una negociación en la que todos obtienen una porción de la victoria es el verdadero sabor del éxito. Por el contrario, si intentas sacar ventaja de tu contraparte de una forma dolosa, simplemente estás cerrando las puertas a futuras oportunidades.

Del escritorio de mi jefe aquel primer día, pasé a escenarios de negociación mucho más complejos y que me han puesto a prueba una y otra vez. Pero, ciertamente, como ya te comenté, negociar es una de las cosas que más me gustan de mi trabajo y, sin duda, cuando haces lo que te apasiona, disfrutas cada parte del proceso.

Fases del proceso de negociación

1. **Preparación:** si no te preparas, no tendrás los resultados que esperas. La preparación te llevará a automatizar conductas y respuestas que te harán destacar como negociador.

2. **Exploración:** investiga a tu contraparte, porque solo así descubrirás lo que realmente necesita y podrás hacer propuestas de valor.

3. **Propuesta:** deja que tu contraparte la haga primero. Si es necesario, vete al otro extremo y ve moldeando el camino para conseguir tu objetivo final llegando a un punto medio.

4. **Intercambio:** si escuchaste con atención en las fases anteriores, llegarás a este nivel con mucha más seguridad. En esta fase debes escuchar antes que ofrecer.

5. **Cierre:** hazlo con elegancia, ofrece concretar rápido el acuerdo y que un apretón de manos sea más que suficiente.

Convertirte en un buen negociador no es una opción, es una de las misiones más importantes que tendrás que desarrollar en tu vida. Además, como te comenté en la introducción, es una habilidad que te ayuda a conseguir lo que quieres, no solo en los negocios, sino en tu vida personal, con tus amigos y hasta en tu casa, lugar donde en realidad empieza tu camino como negociador. Porque no sé si ya te diste cuenta o te has puesto a pensar en ello, pero todo el tiempo estás negociando. Negocias todo y lo has hecho desde mucho antes de empezar a emprender. Negociaste desde chavito el poder comer más dulces de los que deberías, la hora en que te dejaban llegar del antro. Quizá hasta has tenido que negociar una reconciliación con tu pareja después de haber llegado tarde a una cena romántica, o negociar para quedarte a ver el partido de tu equipo favorito, en lugar de tener que ir al cumpleaños de su tía.

En fin, todos somos negociadores y por ello aquí te comparto algunas de las experiencias más gratificantes y maravillosas que he tenido negociando en mi vida y en mi trabajo.

La escuela de negociación más importante de tu vida: tu propia casa

La primera persona con una habilidad de cinta negra para negociar que conocí en mi vida es mi madre. Silvia Ayub de Elias es una señora de personalidad arrolladora y fascinante, una cualidad que heredó de sus padres, mis abuelos. Ella es de carácter muy fuerte, por lo que muchas veces me llevé mis buenas regañadas, pero también tuvo ese carisma e inteligencia para educarme a veces con disciplina y mano dura y otras, siendo la mujer más amorosa, cariñosa y tierna. En unas ocasiones negociaba de buenas utilizando el gran don que tiene de la palabra, y en otras, simplemente negociaba con la mirada. Y con esto me refiero a... "la mirada", ¿ya sabes?, esa en donde, paradójicamente, en realidad no hay ningún espacio para la negociación, su decisión ya estaba tomada y había que acatarla.

Pero si algo aprendí de tanto negociar con mi madre, para sacar permisos, para intentar alivianar castigos o para restarle importancia a las calificaciones, es que la mejor forma de negociar siempre es por las buenas. El que se enoja pierde, así que nunca vas a conseguir nada intentando negociar por las malas. Poco a poco empecé a conocerla más y más en el terreno de la negociación y empecé a desarrollar estrategias para negociar con ella. Según su nivel de enojo, implementaba la acción que potencialmente me daría las mayores probabilidades de éxito. Y este es uno de mis mandamientos indispensables como negociador: **identifica las fortalezas y debilidades de tu contraparte, pero también las tuyas.** Aprender a conocer a mi mamá me permitió tener un muy buen "porcentaje de bateo", cuando se trataba de pedir permiso y levantamientos de castigos.

Si, por ejemplo, su enojo era leve, simplemente me acercaba a ella con un chiste o con un abrazo. Si su enojo era más fuerte, le escribía una cartita en donde le decía que la quería mucho y le ofrecía disculpas por haberla regado. Pero si de plano su enfado era de proporciones épicas, me tocaba sacar de mis ahorros para recurrir al viejo truco que tenemos los hombres de comprarle flores a una mujer para conseguir la redención. Y esto nunca falla (casi nunca). Así que siempre busca la forma de conocer a tu contraparte. Debes saber en qué es fuerte porque esto te hará prepararte más y probablemente te forzará a mejorar algo en ti. Y también debes saber en qué es débil, porque quizás ahí está la vereda por donde debes ir a negociar.

Independientemente de todas estas estrategias, el corazón de mi mamá siempre estaba listo para perdonar. Es muy inteligente para darse cuenta de cuando las disculpas vienen con una genuina intención de querer resarcir el daño y, sobre todo, cuando están acompañadas de amabilidad y buena onda. Por esta razón aprendí muy temprano que para mí es determinante la amabilidad dentro de una negociación. Es otro de mis grandes mandamientos: **tener siempre una actitud positiva, ser amable y conquistar a tu contraparte.** Porque resulta mucho más difícil decirle que no a alguien que te cae bien y con quien sientes afinidad y empatía, que a quien te cae mal y te da mala espina. Yo siempre procuro llegar de muy buen humor, con la mejor actitud y romper el hielo antes de empezar a negociar. Esto me permite comprender lo que es importante para el otro, no solo en la negociación, sino a nivel personal. Me interesa saber si tiene hijos, cuáles son sus *hobbies*, sus intereses personales y de negocio. De esta forma me conecto con la otra parte y esto me permite "poner la mesa" para poder tener un gran resultado en la negociación. La empatía es una herramienta de negociación que nunca decepciona.

Y si bien tuve una gran maestra de negociación en casa en la figura de mi madre, llega un momento de la vida en el que se te voltea la tortilla y ahora te toca a ti ser el maestro. Con mis hijos he tenido por supuesto miles de negociaciones y debo reconocer que quizás estas son las más duras de mi vida. Si bien aquí no están en juego activos corporativos, pasivos laborales o acciones de la bolsa de valores, sí hay muchos permisos y horas de llegada en donde unas veces me ha tocado ser misericordioso, y otras, el verdugo.

Mis hijos aprendieron rápido, al igual que yo, que las negociaciones se hacen sin berrinches y, como ya te lo he aconsejado, desde la buena onda. Algo que me encanta de las enseñanzas que he dejado en ellos tiene que ver con otro de mis mandamientos que debe seguir un gran negociador: **nunca rompas los puentes por donde alguno de los dos puede regresar a negociar.** Si se enojan y se "levantan de la mesa de negociación" con una mala cara, retomar el camino para intentar negociar de nuevo les será mucho más complicado. En cambio, si aceptan el primer "no" con una buena actitud, al día siguiente podrán regresar con un: "Ándale, pa', por fa, la fiesta es hoy, estarán todos mis amigos", y entonces seguramente conseguirán un buen resultado. Afortunadamente mis tres hijos entendieron fuerte y claro este mandamiento.

Pero he visto este error cientos de veces cuando se está negociando. Como empresario y como emprendedor, debes entender que no siempre se ganan todas, por muy buen negociador que seas. Hay veces que los acuerdos no se logran o alguna de las partes se da cuenta de que lo que se persigue en la negociación no tiene mucho sentido después de todo, y se abandona la operación. El problema es que muchas veces las partes cierran toda posibilidad a futuros acuerdos. Yo te aconsejo que siempre dejes una puerta abierta o aunque sea una ventanita que sirva como puente para regresar a negociar. Por ejemplo: "Pues no llegamos a nada, pero eres una persona interesante con la que me gustaría seguir en contacto, déjame invitarte a comer la próxima semana". Ya será tu propio *feeling* cuánto tiempo decides mantener esa ventana abierta, pero procura hacerlo, te lo recomiendo.

Y no solo he sido yo el maestro en casa, también he aprendido de mis hijos enormes lecciones de negociación. Algo que me es muy gratificante reconocer en ellos es que saben **separar a la persona del trato y al negociador del negocio, porque a veces las necesidades pueden ser diferentes.** Y esto se ha convertido en otro de mis mandamientos de negociación favoritos. A veces se está negociando un permiso y la hora, pero tal vez lo que necesitas es un abrazo y cariño. Así que cuando estés en la cancha negociando, mantente atento para tener la agilidad de separar lo que se está negociando de lo que quiere el negociador. Muchas veces tu contraparte busca resultados distintos o adicionales a la negociación misma. Tu misión, si quieres ser un buen negociador, es descifrar esos códigos ocultos y plantear una estrategia sobre ellos.

«Negociar significa obtener
lo mejor de tu oponente.»

Marvin Gaye

Internet en todo México y el Museo del Louvre en casa

Recuerdo mi primera computadora, era enorme y monstruosa. La usaba, básicamente, para echarme de vez en

cuando unas partiditas de Tetris. Al estar jugando a acomodar los cuadritos de colores, nunca me imaginé que
este mueble interactivo que tenía frente a mis ojos estaría a punto de cambiar mi vida y la de muchos mexicanos. Richard, uno de mis mejores amigos, es un *nerd* y en
ese entonces ya le sabía muy bien a esto de las computadoras y a algo que casi nadie conocía en ese entonces
llamado *internet.*

Un día llegó a casa para enseñarme que mi computadora servía para mucho más que encajar ladrillitos.
Traía consigo una guía amarilla en la que estaban do-
cumentadas las 50 primeras páginas web del mundo
entero. "¿Cómo que páginas *web*?", pensé. "¿De qué
me estás hablando?", lo cuestionaba. Conectó un cable
aquí y otro allá y de mi vieja computadora comenzó a
escucharse un sonido horrendo, muy raro. Se trataba de
lo que ahora se conoce como el *handshake* digital, con el
que dos extremos de una red pactaban un acuerdo para
lograr la conexión a través de una línea telefónica. En
ese entonces, la UNAM era el único servidor en el país
que comenzaba a ofrecer esta conectividad. Su servicio
llegaba cuando mucho a 500 clientes.

De repente, en la pantalla de la computadora apareció la página del Museo del Louvre, en París. No lo podía creer, podía recorrer los pasillos y disfrutar de las
obras de arte sin salir de casa. En ese momento intuí
que esto de *internet* iba a cambiar el mundo.

Unos días después, el ingeniero Slim vino a cenar a la
casa y cuando terminamos el postre, lo invité a echarle

un vistazo a mi computadora. Una vez que terminaron los sonidos raros del *handshake*, nuevamente tenía el Louvre completito en la pantalla de aquel aparato. El ingeniero, quien es un amante del arte, quedó tan sorprendido como yo. Él ya sabía de internet, ya que siempre está atento a lo que está sucediendo en el mundo, pero en ese momento, al verme tan emocionado por tener internet en mi propia casa y ver la pasión con la que hablaba del tema, vio en mí a la persona que le ayudaría a abrirle la puerta a lo que, él sabía, sería el futuro de México y del mundo. En ese momento me dijo:

—Mañana mismo comienzas a implementar internet en Telmex.

Yo me quedé un poco ansioso porque, ciertamente, lo único que sabía de internet en ese momento era que conectando unos cables en mi computadora vieja podría tener acceso a cosas maravillosas, pero definitivamente implementarlo para todo México me parecía una hazaña de proporciones inimaginables. Pero el ingeniero ya lo había decidido y tenía que poner manos a la obra.

México había coqueteado con la idea de establecer conexiones a internet desde los ochenta. En septiembre de 1987 Gloria Koenigsberger, autora del libro *Los inicios del internet en México* y trabajadora del Instituto de Ciencias Físicas de la UNAM, recibió una llamada de la NASA que cambiaría el curso de la historia de las conexiones digitales del país. El gerente del Programa de Ciencia Espacial de la NASA tenía buenas noticias, pues financiarían el proyecto de México y la UNAM a través de la NSFNet. Esa llamada, de hecho, haría que mi computadora dejara de ser un artefacto para jugar Tetris únicamente.

Por fortuna en Telmex contaba con el respaldo de Jaime, mi jefe, y de inmediato contactamos a un experto en temas de conectividad, quien, para mi suerte, operaba en Telmex Tijuana. Samuel Morales, un ingeniero en redes, y yo hicimos muy buen equipo. Poco a poco la hazaña fue tomando forma. Al principio comenzamos vendiendo en una cajita los CD's para que la gente descargara el *software* del navegador de internet en la computadora de su casa. A este producto lo llamamos "Internet Directo Personal", porque literalmente era tu internet personal y directo. Unos años después, compramos de IBM un proveedor de internet llamado Prodigy Communications, el cual era competidor directo de AOL y era el segundo más grande de Estados Unidos. Fue así como presentamos al mercado mexicano la marca Prodigy Internet de Telmex; uno de los primeros pasos de una larga carrera hacia lo que hoy conoces como Infinitum. La hazaña fue muy retadora pero divertida, y a la vez aprendí muchísimo. Meses más tarde de haber iniciado esta maravillosa aventura, habíamos conseguido el objetivo planteado: internet en México ya era una realidad.

Emocionado, me reuní con el ingeniero Slim para darle un estatus del proyecto. Estaba seguro de que el notición lo pondría de muy buen humor. En tan solo unos meses, ya teníamos 190 mil líneas de internet en todo el país. Una cifra alentadora tomando en cuenta que en México solo existían, aproximadamente, unas 200 mil computadoras con capacidad de conectarse a la red.

—¿Ciento noventa mil líneas de internet? —me preguntó el ingeniero con cara de sorpresa.

—Sí. Todo un *hit* —contesté.

—Pero esto es para millones de personas, no para miles —replicó.

Su reacción no había sido la que yo me esperaba. Intenté explicarle que no todos los hogares en México tenían acceso a una computadora, principalmente por el precio. Y ahí el ingeniero me dio una gran lección que tú también debes considerar para tu negocio y tu emprendimiento: **ver oportunidades en donde, a simple vista, todo mundo ve un problema.** Esa agudeza en su visión no la tiene ninguna otra persona que yo haya conocido. Siempre he pensado que, así como Usain Bolt es la persona que mejor y más rápido corre en el mundo, y Michael Phelps, la que mejor y más rápido nada, el ingeniero Slim es la que mejor y más rápido piensa. Su creatividad y visión de negocios le permiten encontrar oportunidades en todos lados y en todo momento. Y de esta experiencia aprendí otro de mis mandamientos del gran negociador: **no te cierres y siempre busca alternativas diferentes a las que están puestas en la mesa. Usa tu creatividad para encontrar nuevas variables,** y solo así encontrarás la forma de darle la vuelta al problema en tu empresa, en especial cuando se atore un negocio. En ocasiones, quizá tu contraparte solo se estará enfocando en el precio, y probablemente la respuesta para un buen término está en el tiempo de entrega, en la calidad del producto o en otras variables que, posiblemente, sean puntos que ni siquiera se estaban negociando en un principio.

El ingeniero, haciendo uso de ese gran talento que tiene, me propuso una solución que nadie en el equipo había visto.

—Es fácil, Arturo. Compramos las computadoras a precio de mayoreo y así le transferimos ese beneficio del buen precio al cliente. Además, la podrán pagar a través de su recibo Telmex a meses sin intereses. Y los equipos deben ser vendidos con la línea de internet ya integrada.

La idea del ingeniero fue brillante. Gracias a esta estrategia, Telmex se convirtió en el vendedor de computadoras más grande del país, posición que sigue manteniendo en la actualidad. En ocasiones me llegaban reportes de ventas en donde vendíamos más de 3 mil computadoras en un solo día.

Esta cátedra de creatividad para implementar estrategias de negocio que han sido muy exitosas la he visto muchas veces en el ingeniero Slim. En una ocasión, nos mandó a llamar a varios ejecutivos del grupo para presentarnos lo que él llamó el "Plan Gillette". Al ingeniero se le ocurrió que, así como Gillette vendía la máquina de afeitar y el cliente podía comprar posteriormente las navajas, nosotros podríamos vender el teléfono en

cualquier lugar y el cliente podría comprar posteriormente su servicio de telefonía celular a través de una
tarjeta recargable. Así nació el Amigo Kit de Telcel, una
idea revolucionaria de negocios que no solo fue muy
exitosa para Telcel, sino que se convirtió en la base del
modelo actual de prepago de servicio de telefonía celular a nivel mundial.

Recuerda, la creatividad y la imaginación en un negocio son activos que tienes que alimentar, promover tanto
en ti como en tu equipo y que nunca debes perder de vista.

«Busquen resolver grandes
problemas, porque en donde
hay problemas también hay
oportunidades. No copien modelos
que ya conocen, más bien
piensen en paralelo para buscar
una resolución que sea efectiva
localmente. El gran componente
habilitador es la tecnología en
su más amplio concepto. Es
indispensable conocer todos los

beneficios que la tecnología puede brindarles hoy en día para que sea la gran aliada de sus ideas.»

María Teresa Arnal, primera mujer en convertirse en directora general de Google México, para *#AprendiendoAAprender*

La cifra ganadora de la subasta, anotada en un pedazo de periódico

Uno de mis principales mandamientos que tengo muy arraigado para tener éxito en cualquier negociación es que **la información es la reina. Estudia a tu contraparte, pero no solo la empresa sino también a la persona.** Tener información es uno de los secretos para ganar en una negociación, sin duda. Entre más información tengas acerca de tu competencia, del precio, del mercado, de las condiciones y, sobre todo, entre más perfectamente conozcas con quién estás negociando, más oportunidades tendrás de salir con un buen resultado.

«Haz lo posible por conocer a quién te has de enfrentar. No te sientes nunca a tratar con un extraño.»

Somers White

En una ocasión nos encontrábamos varios ejecutivos de Telmex y yo, en una sala de juntas preparándonos para participar en la subasta de los activos de AT&T en Latinoamérica. Al terminar la junta, mi jefe nos propuso un reto:

—A ver, anoten todos en un papel el monto con el que creen que se cerrará la subasta.

Yo tomé la primera plana de un periódico y junto a la fecha anoté la cantidad de 207 millones de dólares.

La subasta se llevó a cabo en Nueva York, y al viaje me acompañaron dos personas: el abogado de la empresa y Óscar von Hauske, el director internacional del grupo, quien fue mi compañero en muchas otras negociaciones y de quien también aprendí valiosas lecciones. Para el día de la subasta, yo ya tenía información suficiente y detallada de quiénes competirían contra nosotros. Por un lado, Telefónica de España, que en ese momento era la empresa de telecomunicaciones más grande de Hispanoamérica y, por otro lado, Embratel de Brasil, que, por cierto, hoy es parte de América Móvil.

Mucho antes de que empezara la ronda de negociaciones, yo ya sabía que nuestro competidor brasileño cargaba con unas deudas espantosas, por lo que su capacidad de disponer de efectivo para esta compra sería limitada. Simplemente no podrían endeudarse más. Telefónica, en cambio, tenía mucho *cash,* y su situación financiera era muy favorable. Pero había cometido un error estratégico: enviaron como sus representantes a personas de nivel medio dentro de la organización, quienes, por la naturaleza de sus responsabilidades, no podrían tomar decisiones más allá de un cierto monto previamente asignado. Así que, gracias a que hice mi chamba de investigar absolutamente todo para enterarme hasta de qué color eran las cortinas de las oficinas de mis contrincantes, pude calcular que Embratel ofertaría hasta un tope de 180 millones de dólares, por su falta de liquidez, y que Telefónica llegaría hasta un tope de 200 millones, porque sus negociadores no podrían tomar decisiones por un monto mayor.

El encargado de dirigir la subasta fue un banco de inversión en Nueva York y, para el proceso, a cada uno de los participantes nos encerraron en cuartos separados. La subasta comenzó en 120 millones de dólares.

El moderador se paseaba de cuarto en cuarto, compartiendo los montos ofertados por cada una de las partes. Nuestros contrincantes en la negociación, especialmente Telefónica, parecían tener estrategias muy sofisticadas para hacer sus ofertas. Mi estrategia en cambio era bastante simple y sin mucho estrés, lujo que pude darme gracias a la información que había estudiado acerca de ellos. Por ejemplo, yo tomaba largas pausas para bajar a comer una hamburguesa, tomar un café y hasta echarme un cigarrito. Mi intención era que en España, donde hay seis horas de diferencia con Nueva York, les agarrara la noche y sus negociadores no pudieran consultar a nadie para poder hacer ofertas más audaces de lo que llevaban previamente autorizado por su jefe.

Así mismo, me di cuenta de que los montos de sus ofertas eran números con decimales, mientras que los nuestros eran números cerrados. Es decir, mientras ellos ofrecían 172 millones 927 mil 415.63 dólares, nosotros simplemente ofertábamos 173 millones. Así que, en una de las rondas, empecé a lanzar números también con decimales.

—Oye, ¿y por qué ese número tan raro y con decimales? —me cuestionaron Óscar y el abogado.

—Pues para que vean que nosotros también tenemos nuestras matrices de cálculos estratégicos —respondí con una gran sonrisa y los tres reímos.

El haber hecho estudios milimétricos de nuestros contrincantes estaba dando frutos. Tal y como lo había anticipado, en algún momento del día Embratel se quedó sin municiones y quedó fuera de la batalla. Ahora la pelea se había convertido en un duelo. Ya cerca de la noche, la cifra subió a 190 millones de dólares. Estaba cerca de la barrera de los 200 millones, misma que, según mis cálculos, los españoles no traspasarían. Había llegado el momento de comprobar si mi teoría era cierta. Justo a partir de ese momento, Telefónica comenzó a ofrecer cifras con aumentos muy pequeños, por lo que, de nuestro lado, decidimos dar una estocada ofreciendo 198 millones de dólares. Minutos más tarde, el moderador visitó nuestro cuarto y nos hizo una propuesta:

—Los representantes de Telefónica quieren saber si estarían de acuerdo en suspender la subasta por hoy y continuar mañana.

Nuestro abogado se puso como fiera y defendió las reglas del juego, las cuales eran muy claras: el ganador tendría que ser definido ese mismo día. Porque, si bien hay que ser buena onda y siempre tener la mejor actitud en una negociación, nunca puedes olvidar que "lo cortés no quita lo valiente". Y a veces tu amabilidad puede llegar a ser confundida con debilidad. Así que cuando el partido lo requiera, debes ser firme, audaz y saber jugarle a la bola rápida para tirar a matar.

Para continuar negociando, los representantes de Telefónica necesitaban la aprobación de su jefe, quien, para ese momento, ya estaba en los brazos de Morfeo. Pero, para mi sorpresa, su siguiente movida fue ofrecer 201 millones de dólares. Aunque yo seguía confiado en que no podrían alejarse mucho de la barrera de los 200 millones. Me lo decía mi intuición, que estaba influenciada por todo mi trabajo de investigación. Y este es otro mandamiento que debes adoptar como negociador: **ten una estrategia clara para negociar, pero nunca dejes fuera a tu intuición**. A veces te puede sugerir una estrategia completamente diferente, y tienes que desarrollar el músculo para saber cambiar el rumbo cuando sea necesario.

En este caso, mi intuición y mi estrategia parecían haberse puesto de acuerdo porque coincidían, así que asumí que los españoles habían quemado su último cartucho y decidieron correr el riesgo por un millón más de lo que tenían permitido.

Era nuestro turno. Si ofrecíamos 202 millones, dejaba abierta la posibilidad de que ellos se envalentonaran y enviaran el juego a muerte súbita. Así que decidimos rematar con un ofrecimiento que, yo supuse, sería el último:

—Ofrecemos 206 millones de dólares.

Al poco tiempo apareció el moderador con la noticia que esperábamos:

—Telefónica se retira de la subasta. Han ganado ustedes.

El haber estudiado a la competencia, haber recabado información suficiente y relevante, así como el haberle hecho caso a mi intuición, fueron los factores determinantes para ganar. No solo ganamos la subasta, sino que, además, yo gané la apuesta que hicimos en la oficina. Un millón menos de lo que había anticipado, el que más se acercó al monto. Esa página del periódico en donde quedó registrado el número que anoté con pluma aquel día en una sala de juntas está enmarcada y decora una de las paredes de mi oficina.

La reunión de cinco minutos frente a las llaves del Rolls-Royce, el Bentley y el Ferrari

«Debemos escuchar lo que se dice, pero aún más importante en una negociación es escuchar todo aquello que no se dice.»

Peter Drucker

Una habilidad muy importante que debes considerar como emprendedor y como empresario, si quieres conseguir buenos resultados en una negociación, es: **aprende a leer el lenguaje corporal de tu contraparte. A veces lo que no se dice es aun más importante que las palabras.** Y este es otro de mis mandamientos del buen negociador. Las pequeñas señales son importantes, por lo que entender lo que en realidad quiere decir el otro cuando se ríe, se sienta o se acomoda hacia un lado de la mesa es determinante.

Según los estudios conducidos por el doctor Albert Mehrabian, un reconocido psicólogo con conocimientos en el área del comportamiento no verbal, se llegó a descubrir que las expresiones faciales, por ejemplo, son 1.5 veces más importantes que el tono de voz a la hora de interpretar un mensaje. Del mismo modo un 55% de la transmisión emocional de la comunicación se le atribuye al lenguaje corporal.

En una ocasión viajé, nuevamente junto con Óscar von Hauske, a Coral Gables, Miami, para negociar con el dueño de una cablera importante de Ecuador. Esta era una empresa de telecomunicaciones fundada en Quito. La cita no fue en una oficina, sino en la casa del dueño. Al llegar notamos que afuera estaban estacionados un Rolls-Royce, un Bentley y un Ferrari. Nos recibió el dueño de la cablera junto con sus hijos y nos condujeron hacia una lujosa sala de juntas que había dentro de la enorme casa.

Los tres, perfectamente ataviados con relojes Rolex de oro del tamaño de un cinturón de box de algún campeón de peso completo, sacaron de sus bolsillos los llaveros de sus flamantes automóviles y los pusieron sobre la mesa frente a nosotros. Su lenguaje corporal intentaba ser intimidatorio. Por supuesto, ellos no contaban con que nosotros no nos íbamos a dejar intimidar por un reloj de oro o por el llavero de un coche de lujo; se me hacían símbolos completamente irrelevantes. Pero esto me daba una muy buena idea del posible desenlace de nuestro encuentro. Desde ese momento en que nos sentamos en los cómodos sillones de piel de la sala, supe que no habría mucho que negociar y no me equivoqué. Por eso es muy importante que sepas leer lo que está diciendo la otra parte, aun cuando no está usando las palabras; hay gestos que pueden darte información sobre si la persona con la que estás negociando está genuinamente interesada o no.

Cinco tips de lenguaje corporal para comunicarte mejor en una negociación o en una junta

1. Mantente con una postura relajada y que transmita seguridad.
2. Controla tus nervios y tu ansiedad. Hazlo desde antes de entrar a tu reunión. Intenta con respiraciones profundas.
3. No cruces tus brazos.
4. Utiliza gestos con tus manos para fortalecer tu lenguaje verbal.
5. Jamás olvides sonreír.

Entonces comenzó la negociación con su propuesta:

—Nosotros no necesitamos su dinero y ustedes tampoco el nuestro, así que la empresa la venderemos por un monto de 3 mil dólares por usuario.

Era descabellado, la suma estaba completamente fuera de los parámetros del mercado, considerando que veníamos de cerrar un trato similar en Colombia por una cantidad siete veces menor. Le hicimos saber que en otros países estábamos comprando por precios abismalmente diferentes.

—Dame un precio que tenga más sentido, para ver si tenemos el chance de acercarnos —repliqué.

A mi propuesta, el dueño de la empresa respondió tajantemente:

—Si me ofrecen un dólar menos de lo que les comenté, entonces no la vendo.

Con mucho respeto le hice saber que, si su oferta no era una broma, no teníamos nada más que conversar. Nuestra reunión no duró ni cinco minutos. Tardamos más en caminar de la puerta del coche a la puerta de la casa que negociando. ¡Literal!

Si bien no concretamos ningún acuerdo, no nos quedamos con las ganas de entrar a Ecuador. Así que, en lugar de buscar una nueva oportunidad para negociar, decidimos construir de cero una red en el país. En poco tiempo nos volvimos competencia de ellos y hoy en día hemos crecido al punto de tener un muy buen porcentaje de participación de mercado. Sostener una postura tan radical que no ayude a la negociación puede ser uno de los peores errores para un negociador. Por ello no puedes darte el lujo de ser tú quien lo cometa. Y recuerda siempre estar atento a los mensajes y a lo que tu contraparte está diciendo, no solo con palabras.

Nuevos horizontes: Puerto Rico, República Dominicana y... Venezuela

Sin duda, una de las más grandes negociaciones en las que he tenido la oportunidad de participar fue cuando intentamos adquirir los activos de Verizon en Puerto Rico, República Dominicana y Venezuela. Esta negociación era particularmente importante porque sería una movida estratégica para la expansión del grupo en Latinoamérica. El desarrollo no fue sencillo, porque el trato estaba sujeto a las aprobaciones regulatorias de cada país. Así que además de los viajes a Nueva York, donde se llevó a cabo el proceso de compra, tuvimos que viajar a los tres países para entender el marco regulatorio y hablar con las autoridades competentes, con el fin de compartirles los planes de inversión que teníamos en sus territorios a través de esta operación. En Puerto Rico no tuvimos ningún problema y República Dominicana terminó siendo un excelente negocio para el grupo. Sin embargo, en Venezuela, que para la época estaba bajo el mandato de Hugo Chávez, fue otra la historia.

Me reuní con el vicepresidente del país para comentarle acerca de nuestro interés de invertir en las tierras venezolanas a través de esta importante compra. Él era un tipo alto, de pelo canoso, amable, pero con una cara durísima, tanto que se me figuraba a un personaje de la Revolución mexicana. Y lo que más me llamó la atención durante nuestra reunión fue que él estaba sentado frente a mí en una silla bastante alta, por lo que mi cara estaba, literalmente, a la altura de sus rodillas. Nuevamente, saber leer el lenguaje corporal de mi contraparte me dio indicios de que quizá nuestra historia en Venezuela no terminaría del todo bien. Salí de esta inusual conversación con una ligera esperanza de que el vicepresidente hubiera entendido los beneficios que suponía para ambos el hecho de modernizar las telecomunicaciones en su país gracias al acuerdo con Verizon.

Desafortunadamente, a los pocos días nos enteramos de una mala noticia. Un 3 de febrero de 2007, el Estado compró un porcentaje accionario de la compañía, al mismo precio que nosotros habíamos ofrecido a Verizon.

Nosotros habíamos hecho la chamba: determinamos el monto de los activos, los negociamos, llegamos a un acuerdo con la transnacional y, al final, nos quedamos con las manos vacías en Venezuela porque el gobierno nos comió el mandado y aprovechó el camino recorrido para hacer la compra directamente. Aunque, después de todo, esta historia tuvo un final feliz, ya que nos concentramos en sacar adelante la compra de República Dominicana y Puerto Rico, países en donde hoy somos líderes.

Este acuerdo representó un gran acierto para el grupo ya que pudimos escalar rápidamente hacia otros países de Latinoamérica, pero la negociación fue extensa y muy compleja. Sin embargo, como toda aventura, esta finalmente llegó a su fin, y el día que cerramos la transacción con el equipo de Verizon surgió un hecho curioso que jamás olvidaré. Estábamos en el lobby del hotel Four Seasons de Nueva York, afinando los últimos detalles de la negociación, y justo cuando por fin acordamos entre las partes la cantidad final en un monto de 10 cifras en dólares, recibí una llamada de Jaime, mi jefe. Me levanté para hablar con él y me alejé unos metros de la mesita de coctel en la que estábamos negociando; le conté los pormenores de la transacción y le dije que estábamos ya cerrando el trato. Por el ruido del lobby que se escuchaba a través del teléfono me preguntó:

—¿Dónde estás?

—En el hotel Four Seasons —respondí.

—¿Se hospedaron ahí? Ese hotel está fuera de la política de gasto de la compañía —replicó en tono serio.

De inmediato regresé a la mesa de negociación y les indiqué a todos que no podíamos cerrar la transacción en el monto acordado y que teníamos que cerrarla por un millón de dólares menos. Todos me vieron con cara de desconcierto. Ya estábamos por llegar a un acuerdo, después de jornadas largas de negociación, y yo, al último minuto, les estaba pidiendo un descuento por un millón de dólares. Nadie entendía el porqué de mi solicitud. Pero como para el representante de Verizon era muy importante cerrar el trato a la mayor brevedad posible, le ofrecí acelerar aún más el proceso de cierre si concedía ese millón en la cifra definitiva. Y aquí se dio otro de los mandamientos de una buena negociación, **encuentra cosas de valor para tu contraparte con poco costo para ti y viceversa.** A nosotros no nos costaba nada hacer todo lo posible para recortar los tiempos de *due diligence*, y para ellos, este ofrecimiento era de mucho valor. Por lo que, a pesar del desconcierto de todos, terminamos cerrando el trato con este nuevo monto.

Una vez pactado el acuerdo, llamé nuevamente a mi jefe para comentarle sobre el desenlace:

—Cerramos ya, pero con un millón de dólares menos.

—¿Y por qué ese millón menos? —respondió, sorprendido.

—Para que nunca nos vuelvas a limitar los gastos de viaje.

Ambos soltamos al mismo tiempo una carcajada.

Esta anécdota resulta ser más trascendental de lo que parece, ya que, al momento de hacer grandes negociaciones, para mí es importante que el equipo de trabajo se sienta empoderado y cómodo, y no me refiero a estar en un buen hotel, me refiero a que sepan que son parte de una misión muy importante.

«Un líder es un negociador de esperanzas.»

Napoleón Bonaparte

Estar en el lugar correcto, en el momento correcto

Siempre he creído que las oportunidades aparecen para aquel que las provoca, que el éxito y el futuro no hay que dejarlos a la suerte, pero reconozco que el saber aprovechar oportunidades puede ser una pieza clave en la vida. En una ocasión viajamos a Bogotá, Colombia, para analizar la posibilidad de comprar una empresa telefónica. En ese momento teníamos buena presencia en el país con el negocio de la telefonía móvil a través de Claro, pero nos faltaban algunos activos importantes para crecer: telefonía fija, televisión por cable y servicio de internet.

Durante el proceso de negociación, nos encontramos con un gran problema: esta empresa no contaba con presencia en las ciudades importantes del país, como Bogotá, Medellín y Cali. Más bien era un negocio para las provincias y, además, tenían unos pasivos laborales enormes. Por estas razones la compra no tenía sentido, así que decidimos abortar la misión.

De regreso al hotel para recoger nuestras cosas e irnos al aeropuerto, recibí una llamada de la que era nuestra directora para esa región, quien me preguntó si tenía tiempo para una junta breve que había surgido de última hora. Le respondí que sí, pero que solo tenía unos minutos. Al llegar al lobby del hotel me estaban ya esperando los dueños de una pequeña cablera, de unos 30 mil suscriptores. Como no tenía mucho tiempo solo pude hacerles un par de preguntas. La información que me dieron me pareció bastante interesante, así que les pedí un momento y me retiré para hacer una llamada estratégica. Me puse en contacto con el ingeniero Slim, quien estaba en una comida importante con otros directivos de la empresa y me puso en altavoz. Después de consultarlo con el grupo que ahí se reunía, me dio una respuesta contundente: "¡No lo pienses más!".

Regresé al lobby, me senté en el sillón frente a ellos y en unos cuantos minutos cerramos un acuerdo verbal y nos dimos la mano. Este es otro de los mandamientos de una buena negociación: muchas veces, si la oportunidad y las circunstancias lo permiten, **ofrece cerrar el trato rápido, con certeza y sin complicar el proceso**; hay ciertas oportunidades en donde no tienes por qué darle tantas vueltas al asunto. En este caso, aunque el negocio no tenía unos números muy alentadores, era una gran apuesta por entrar a un mercado que nos interesaba enormemente y nos permitiría solidificar la marca con nuevos productos. De haber seguido reglas demasiado estrictas de los negocios, quizás esos números poco optimistas habrían hecho sonar todas las alarmas. Pero nosotros vimos algo más, era nuestra puerta de entrada a un mercado importante y un negocio que podíamos hacer rentable.

Esta compra casual pero estratégica, de último minuto y *fast track,* sería el inicio de un camino para escribir la historia de lo que es la marca Claro en Colombia el día de hoy. Lo mismo sucedió con NET Brasil, que, para el momento de nuestra adquisición, acarreaba grandes e importantes deudas. La compra se originó también de forma espontánea cuando el ingeniero Slim coincidió con Roberto Irineu Marinho, presidente del Grupo Globo, en la fila de un bufet para desayunar. Después de su encuentro, fuimos nuevamente Óscar y yo a negociar la compra a Nueva York. Gracias a esta adquisición de una empresa enfocada en el mercado residencial, sumado a la posterior compra de Embratel, enfocada en el mercado de llamadas de larga distancia y clientes corporativos, tuvimos la oportunidad de crear un operador de telecomunicaciones integrado, que nos ubicó como los líderes de este gigantesco mercado en Sudamérica.

El camino de expansión en Centro y Sudamérica incluyó la compra de varias cableras más, ya que al enterarse de que Telmex Internacional "estaba de compras", diversas empresas de la región comenzaron a buscarnos para hacernos ofertas de venta. Y no hay nada mejor en una negociación que te busquen para hacerte una oferta, ya que eso te da poder en el proceso. Y este es, justamente, uno de mis mandamientos favoritos de todo gran negociador: **siempre busca la forma de que tu contraparte haga la primera oferta.**

Si tienes 30 pesos para comprar, y dejas que el otro haga una oferta primero, es posible que de entrada te pida unos 25. Solo con el hecho de saber esperar, te habrás ahorrado un porcentaje importante. Así que recuerda: haz todo lo que esté a tu alcance para que seas siempre el segundo en abrir la boca para hacer una oferta.

Si pasa lo contrario y el monto que te piden es más alto de lo que tenías en mente, entonces aplica otro de mis mandamientos de negociación importante: que no te dé pena pedir. Como les digo incluso a mis hijos, pedir no empobrece. Si tu contraparte quiere 30, pero tú solo tienes 20... entonces ofrécele 10. Te sorprenderás del número de veces en las que podrás llegar a un acuerdo con esos montos. Así que una lección más: **que no te dé pena ofrecer, aun cuando creas que tu oferta está muy por debajo; al fin y al cabo, estás negociando.**

#ConsejosDelNegociador

✓ Si ambas partes no resultan ganadoras, entonces no fue una buena negociación. Un escenario *ganar-ganar* te abrirá siempre la oportunidad a futuros negocios.

✓ Identifica las fortalezas y debilidades de tu contraparte, pero también las tuyas. Ahí está el camino por el que debes ir a negociar.

✓ Ten siempre una actitud positiva, sé amable y conquista a tu contraparte. Es más difícil decirle que "no" a alguien con quien hubo empatía y cordialidad.

✓ Nunca rompas los puentes por donde alguno de los dos pueda regresar a negociar. No todos los negocios se cierran a la primera.

✓ Separa a la persona del trato y al negociador del negocio, porque a veces los intereses pueden ser diferentes.

✓ Aprende a ver oportunidades en donde, a simple vista, todo mundo ve un problema.

✓ No te cierres y siempre busca alternativas diferentes a las que están puestas en la mesa. Usa tu creatividad para encontrar nuevas variables que no se están negociando pero que pueden ser de bajo costo para ti y de gran valor para el otro, y viceversa.

✓ La información es la reina. Estudia a tu contraparte, pero no solo la empresa sino también a la persona. Entre más información tengas, más oportunidades tendrás de cerrar un buen trato.

✓ Siempre llega a la mesa con una estrategia clara de negociación, pero nunca dejes fuera tu intuición.

✓ Aprende a leer el lenguaje corporal. A veces lo que no se dice es aún más importante que las palabras.

✓ Ofrece cerrar el trato rápido, con certeza y sin complicar el proceso.

✓ Siempre busca que tu contraparte haga la primera oferta.

✓ Que no te dé pena ofrecer, aun cuando creas que tu oferta está muy por debajo; al fin y al cabo, estás negociando.

TUS VALORES, LOS ESTÁNDA- RES DE TU VIDA

«*La mente del hombre superior valora la honradez; la mente del hombre inferior valora el beneficio.*»

—Confucio

ESTO NO SE ACABA
HASTA QUE SE ACABA

Estoy seguro de que todos hemos visto alguna vez la escena de una película en donde se está llevando a cabo un juicio en la corte de los Estados Unidos. Al frente del salón está su señoría, es decir, el juez con toga negra sobre la que se asoma su corbata, y quien siempre tiene cerca de su mano derecha el mazo, el cual utiliza para golpear la mesa al dictar sentencia y, ocasionalmente, para poner "orden en la sala". Detrás de su gran escritorio de madera reposa la bandera de las barras y las estrellas. A un costado del salón está el jurado, típicamente conformado por 12 individuos que no tienen nada que ver con el caso y que a veces no entienden lo que está pasando ahí, pero que tienen la responsabilidad de emitir un veredicto y declarar a alguien culpable o inocente. Frente al juez y al jurado, se encuentran los protagonistas: por un lado, la parte acusadora, y por el otro, un presunto culpable.

¡Esta escena me es muy familiar! Pero no solo porque la he visto cientos de veces en series y películas, sino porque en el año 2001, yo era uno de sus protagonistas.

Una negociación, como las miles que he hecho en mi vida, me había traído a la corte de la ciudad de Dallas, Texas. Así que, poniendo mi mano derecha sobre la Biblia, juré decir "la verdad y nada más que la verdad".

El juicio abrió con el testimonio del abogado que nos acusaba, argumentando que sus clientes, unos "indefensos" hombres de negocios de la ciudad texana, habían sido afectados por un supuesto acto de alevosía y ventaja de nuestra parte, tras la compra de una empresa americana que vendía equipos de cómputo, la cual tenía su sede en Dallas, pero tenía tiendas por todo Estados Unidos.

Efectivamente, un tiempo atrás habíamos comprado esta empresa y, aunque la transacción se había hecho sin mayores contratiempos, estos individuos argumentaban que previamente tenían un acuerdo para poner franquicias de las tiendas de dicha compañía en México. En teoría, el acuerdo lo habían hecho de forma verbal, por supuesto, con el antiguo CEO de la empresa de equipos de cómputos, quien además era su amigo. Debido a nuestra adquisición, estos "pobres empresarios texanos", como ellos mismos pretendían ser vistos, habían quedado completamente desamparados y vulnerables, después de que un gran grupo empresarial les "había arrebatado" el negocio de las manos.

Al principio no le di mucha importancia al asunto; incluso cuando llegó el aviso de demanda a nuestro equipo legal, recuerdo que pensamos: "¿Qué payasada es esta?". Pero mientras los abogados analizaban las circunstancias y cómo funcionan las cortes en los Estados Unidos, todo dejó de parecer tan chistoso. Unos meses más tarde, ahí me encontraba yo, resolviendo un problemón en una corte norteamericana.

La estrategia del abogado acusador parecía muy simple: recrear la escena de David y Goliat en las mentes del jurado; algo que tenía sentido porque era el único recurso viable que podría utilizar, debido a que el caso y sus argumentos estaban fundamentados en hechos que nunca ocurrieron, en conversaciones que nunca se tuvieron y en documentos que nunca se firmaron.

Yo escuchaba con gran frustración las mentiras y calumnias que el abogado proclamaba en nuestra contra, porque si hay algo que para mí es fundamental en la vida y en los negocios, son los valores. Son estos los que forjan a las personas y, por consecuencia, a las empresas. **Son tus propias reglas del juego, tus estándares de comportamiento, aquello que te permitirá crear un juicio de lo que es realmente importante para ti en la vida.**

De todos los sentimientos que me acompañaron durante el juicio, predominaba la frustración que me producía la injusticia. Y no podría ser de otra forma cuando me tocó aprender, desde muy chavo, gracias a mi madre y a mi padre, la importancia que tienen los valores en todo lo que hacemos y emprendemos.

De toda mi lista de valores que tengo en la vida, resaltan la honestidad, la familia, el trabajo duro, el amor a mi país y la pasión que sientes por lo que haces. Lección tras lección, venta tras venta, negociación tras negociación, mis valores han estado ahí para funcionar como el principal termómetro que mide mis acciones y para regir la manera en que tomo decisiones en los negocios y en mi vida.

Durante cada una de las audiencias de este juicio, carente de fundamentos, yo veía con gran impotencia cómo se estaba violando uno de los valores fundamentales de mi lista: la honestidad.

El valor de la honestidad: la verdad te hará libre

Creo firmemente que **al final de todo, en cualquier situación, la verdad es lo único que "sobrevive".** Como les dijo Jesús a los judíos: "La verdad os hará libres".

Los años de aprendizaje, el impecable ejemplo de mi padre y de los tutores que me han acompañado en la vida me han ayudado a desarrollar un sutil olfato que me ayuda a identificar, con cierta facilidad, cuando una persona es honesta y cuando no lo es. Mi papá, a pesar de toparse cientos de veces con ofertas que planteaban dinero fácil, siempre tuvo la voluntad y la integridad para rechazarlas. A pesar de que pudo elegir el camino corto, él prefirió el largo. Sus elecciones sabias y encaminadas hacia el bien hicieron que siempre tuviera un semblante de paz y tranquilidad interior que solo es posible cuando eres una persona honesta e íntegra.

> «Moral es el conjunto de comportamientos y normas que tú, yo y algunos de quienes nos rodean solemos aceptar como válidos; ética es la reflexión sobre por qué los consideramos válidos y la comparación con otras morales que tienen personas diferentes.»
>
> Fernando Savater

Como emprendedor o como empresario, ¡aguas!, porque en algún punto puedes encontrarte con personas que quieran sacar provecho de ti a la mala o que te propongan caminos cortos, atajos y negocios "en lo oscurito". En situaciones como estas debes apegarte a tus valores. Un asunto puede ser tan inofensivo como para convertirse simplemente en un malentendido o un mal negocio, pero puede ser tan grave como para ponerte detrás de las barras de una celda.

Me incomodaba mucho ver el descaro y la agilidad con los que alguien podía mentir, incluso frente a la corte, con el fin maquiavélico de obtener un beneficio personal a costa de lo que sea, sin importar el daño que pudiera causar. Y si bien debes actuar con honestidad siempre en todas las áreas de la vida, en los negocios esta cualidad se hace estrictamente indispensable. **Conducirte de forma poco ética pone en riesgo no solo tu negocio o tu emprendimiento, sino uno de los activos más importantes que tienes y que te ha tomado tanto tiempo y esfuerzo construir: tu reputación.** Bien lo dice Warren Buffett: "Por lo general, uno busca tres cosas en una persona. La inteligencia, la energía y la integridad. Pero si la persona no tiene la última, ni siquiera te molestes en buscar las dos primeras".

¿Y cómo le haces para asegurarte de que estás tratando con personas honestas cuando te encuentras en medio de una negociación, buscando un nuevo socio o incluso contratando a alguien? Creo que para esta pregunta no existe una respuesta única, pero la experiencia te da muchas "tablas" para leer a las personas y desarrollar "el colmillo". Así que ten paciencia y observa. Cuando alguien sea deshonesto contigo, busca patrones y comportamientos similares en otras personas, porque casi todos los que intentan engañar lo hacen de la misma forma. Aunque no tengo un método o una regla específica para detectar a una persona deshonesta y mucho menos me paseo por la calle con un detector de mentiras, he descubierto que hacer las mismas preguntas recurrentemente suele funcionarme. Si obtengo distintas respuestas, ¡bingo!, puede haber alguien ahí que está mintiendo. Es así como gente que no es honesta cae. Como dicen por ahí, "más rápido cae un hablador que un cojo".

Otro buen indicador de la deshonestidad son las expresiones corporales y faciales, porque cuando los gestos son genuinos, espontáneos y naturales, las posibilidades de estar frente a una persona honesta aumentan considerablemente. Claro..., siempre hay espacio para el traspié y puedo contarte muchas veces en las que he cometido errores de juicio, pero en líneas generales traigo en mi ficha un buen porcentaje de bateo.

Así que **procura estar siempre cerca de personas honestas, especialmente para construir un equipo, buscar un socio para tu negocio o para invertir en el de alguien más; no hacerlo puede resultarte muy peligroso y, además, muy caro.**

Y a nosotros, precisamente, nos estaba saliendo muy caro el juicio por encontrarnos con personas deshonestas en el camino.

Creo que todos los problemas que se presentan en tu negocio son una oportunidad para crecer, pero hay que enfrentarlos rápido y de frente, agarrar al toro por los cuernos y hacer lo necesario para resolverlos; esa es mi filosofía. Por eso, durante poco más de un mes decidí irme a vivir a Dallas para presentarme a la corte todos los días. Y como sabía que iba a ser una prueba muy dura, decidí llegar muy bien preparado. Días antes de empezar las audiencias tomé un curso sobre cómo comportarme durante el juicio. Aprendí cosas que me han servido mucho en mi vida y en los negocios. Por ejemplo, que la regla número uno para testificar es *Don't volunteer*, lo que técnicamente significa: "No hables de más y limítate a responder lo que te preguntaron". Es decir, si en el juicio me preguntaban de qué color era el coche, yo únicamente tenía que responder: "azul". Esta es una regla simple pero muy importante y es una excelente estrategia en una negociación. Revelar información que nadie te ha preguntado puede ponerte, sin querer, sobre la cuerda floja, porque terminarás distrayendo a tu oponente de lo que es importante para él, y esto puede ponerte en un callejón sin salida.

Fueron muchas las lecciones que aprendí de aquel curso y varias de ellas las sigo aplicando hasta el día de hoy. Recuerdo, por ejemplo también, que me decía mi *coach* que jamás debes reírte de forma irónica, no importa cuántas calumnias estén diciendo en tu contra. Aprendí, además, a vestirme para ir a un tribunal, los comportamientos que debía adoptar y aquellos que era mejor evitar, la forma en la que debía responder y cuáles eran las palabras más adecuadas y las que, por supuesto, jamás debería pronunciar. Conocí nuevos *tips* sobre lenguaje corporal que, como te comenté, es una excelente herramienta para detectar a personas deshonestas. Esto me sirvió para aprender a leer las expresiones faciales de los miembros del jurado. De hecho, en muchas ocasiones cuando volteaba a verlos, llegué a pensar: "Salvarnos de esta va a estar complicado", porque, con solo leer sus rostros, sabía que se estaban creyendo todas las mentiras.

Y desafortunadamente no me equivoqué. Treinta días después de haber iniciado el proceso, el veredicto llegó. *"Guilty"*, pronunció el presidente del jurado. Enseguida, el juez dio un fuerte golpe con el mazo sobre el escritorio, sin poder ocultar su cara de sorpresa y angustia por ese veredicto. Y con esta brevísima palabra de apenas seis letras, mi vida giró 180 grados. En ese momento sentí que este era el fracaso más grande de mi vida, pero después entendí que más bien era una gran oportunidad para enfrentarme nuevamente a un problema que no conocía y que me dejaría un gran aprendizaje.

El veredicto del jurado, cuyos integrantes, por supuesto, no tenían grandes conocimientos sobre negocios, había sido influenciado por la difamación y favoreció a quien aparentó ser el jugador más débil del partido.

Las lágrimas, inevitablemente, comenzaron a salir de mis ojos. Y no lloraba por la gran cantidad de dinero que tendríamos que pagar como indemnización a la parte acusadora, y que era justamente el motivo de este juicio, sino por la gran impotencia que me hacía sentir esta injusticia. Además, sentía una enorme responsabilidad sobre mis hombros, ya que la confianza había sido depositada en mí, tanto para dirigir el proceso de adquisición de esta empresa, como para enfrentar el caso ante la corte.

Tres cosas me hicieron mantenerme fuerte durante toda esta experiencia. La primera era la tranquilidad de saber que había actuado con rectitud e integridad durante todo el proceso de adquisición de acuerdo con mis valores. La segunda, que tenía absoluta certeza de que se estaba cometiendo una injusticia. Y la tercera y más crucial, que pude contar con el soporte incondicional de la persona más importante en mi vida: mi esposa Johanna. Su compañía y apoyo me permitieron vivir otro de los grandes valores de mi lista: la familia.

Primero la familia, los negocios después

Tener a Johanna a mi lado durante esta difícil prueba me ayudó a entender, una vez más, que cuando tienes a tu lado a una pareja inteligente, sensible, que te quiere y a quien tú quieres, tendrás el invaluable apoyo emocional que será clave para atravesar los caminos menos verdes de la vida. Y como bien lo sabes, cuando estás emprendiendo, te encuentras cientos de veces con estos caminos áridos y solitarios, por lo que contar con el sustento de tu pareja o tu familia, sin duda, hace una gran diferencia. Y lo mismo sucede cuando el camino es el de la gloria, porque en esos momentos Johanna me ayuda a mantener los pies sobre la tierra.

Todavía recuerdo la paz que lograba transmitirme durante aquellos días previos al veredicto; cuando la ansiedad parecía querer ser mi mejor amiga, Johanna estaba ahí. Nada más con saber que estaba cerca, con su mano sobre mi hombro y dándome sus palabras siempre sabias y positivas, la angustia salía por la ventana. Su apoyo ha sido desde siempre ese calmante que me colma de serenidad y que me ayuda a poner todo en perspectiva, aun en los momentos en que nada pareciera tener sentido.

Y es que ella es esa persona que se caracteriza por su sencillez, por su gran bondad, por su enorme inteligencia emocional y por su capacidad de encontrar nuevas formas de hacer el bien y ayudar a los demás, cualidades que, sin duda, heredó de su mamá, Soumaya Domit de Slim, quien, por cierto, fue la mejor suegra que la vida me pudo haber dado. Hasta el día de hoy, mi esposa ha sido el principal sostén de mi vida, con su firmeza amorosa, con su admirable fe en Dios y con esa espiritualidad con la que inunda de confianza a quienes la rodeamos, para hacernos sentir que al final del día "todo estará bien", que no hay resultado bueno o malo, sino que, simplemente, todo pasó como tenía que pasar. Ella ha estado a mi lado en las buenas, en las malas, en aquellos duros días en la corte y, por supuesto, hasta vitoreando los goles en los momentos de gloria en los Pumas.

Por eso, para mí, **la familia es la base de todo y la institución más importante para forjar los pilares de un individuo, una sociedad y un país entero.**

Yo me siento profundamente agradecido de haber formado hoy una gran familia y de haber crecido en una. Mis papás serán siempre mis más grandes mentores; y mis hermanos, mis mejores amigos. Ellos me dieron grandes consejos que me ayudaron a crecer y nunca me trataron como a un niñito indefenso, a pesar de que eran mucho más grandes que yo. Al contrario, me obligaban a esforzarme. Recuerdo que en casa teníamos una mesa de ping-pong y nos encantaba jugar retas. Pero para entrarle a las cascaritas, tenía que hacerlo como se debe. No por ser el más chavito me daban chance, me trataban como a otro contrincante más a quien había que vencer.

—Solo puedes jugar si agarras la raqueta de lapicero —me retaban.

Este es un agarre complicadísimo, el que usan los profesionales en torneos internacionales. Lo inventaron los chinos, que son los amos y señores de este deporte. Se llama así porque agarras el mango de la raqueta como si fuese un lapicero, con el dedo índice y pulgar, y el resto de los dedos de la mano van por detrás.

Con esta posición, los movimientos de muñeca son muy incómodos, pero el golpe a la pelota es más fuerte y certero. Tuve que practicar mucho, lo cual en su momento odié, pero tiempo después lo valoré porque gracias a eso me convertí en campeón nacional de ping-pong en la categoría de menores de 16 años. La mala noticia es que después del campeonato, mis hermanos ya no quisieron jugar más conmigo; le sacaban. A pesar de eso, siempre seguimos siendo los mejores amigos.

De regreso al juicio... Apenas terminó, lo primero que hice fue llamar a mi jefe para contarle el triste desenlace. A través del teléfono, él percibió mi gran frustración, así que me tranquilizó con sus palabras de apoyo y me reiteró su confianza. Pero eso sí, me dejó una instrucción muy clara: "¡Resuélvelo!". De inmediato, pusimos manos a la obra.

Como decía Yogi Berra, una gran leyenda del beisbol: "Esto no se acaba hasta que se acaba". Y en este partido, de vuelta en la corte, tuve la oportunidad de confirmar otro de mis valores: el trabajo duro.

«Creo yo que cuando tienes respeto hacia tu familia y hacia esas personas que te ayudan o que te dan un consejo, creces. Porque, nuevamente, los que damos consejos tratamos de hablar desde la experiencia, desde algo que ya vivimos. Yo viví, crecí, jugué, hice realidad mis sueños, pero el respeto hacia los míos, en especial

los mayores, sigue siendo
muy importante.»

Jorge Campos, *El Brody*, para
#AprendiendoAAprender

El valor del trabajo duro,
el único camino

Llevamos el juicio a la corte de apelación, un proceso largo y complejo, pero algo tengo superclaro en la vida: cuando quieres un resultado positivo, tienes que trabajar duro para conseguirlo. A pesar de que me enfrentaba a una nueva batalla, una que no conocía, tomé el reto con ahínco y compromiso. Nos pusimos a estudiar a profundidad las leyes norteamericanas y nos rodeamos de un gran equipo legal.

«Yo creo mucho en la suerte. Y he
constatado que, cuanto más duro
trabajo, más suerte tengo.»

Thomas Jefferson

Me he encontrado a muchos emprendedores que quieren obtener resultados rápidos, parece que quieren evitarse la molestia de trabajar duro por una meta; buscan atajos, como si existiera una fórmula mágica para encontrar todas las respuestas y con tan solo un chasquido de dedos lograr los resultados. ¡No la hay!

Para mí, el único truco mágico que existe es el del trabajo duro y el planteamiento y ejecución de una estrategia clara. No se trata de otra cosa más que de ponerle ganas a lo que haces y tomártelo muy en serio. En la carrera hacia el éxito, todavía no tengo el privilegio de conocer a la primera persona que sea superexitosa y que no haya tenido que sudar la camiseta. Claro, tampoco soy un promotor de trabajar hasta agotarte, sin pausas ni descanso. No eres una locomotora y tienes que pensar en el correcto balance, porque tu familia y tu salud también son parte de tu emprendimiento o tu empresa. Pero en los negocios, sobre todo cuando se está comenzando, toda tu energía será requerida, aunque, como sabes, este esfuerzo tan masivo que se necesita para arrancar tampoco será para siempre. Si bien emprender requiere de un gran sacrificio en sus primeros años, el desgaste será más mesurado a medida que escales, crezcas y tengas un equipo que te ayude; entonces podrás darte el lujo de dedicar más tiempo para ti y pasar más momentos con tu familia.

Definitivamente, **si quieres construir algo grande y piensas que puedes hacerlo trabajando tres horas al día, lamento arruinar tu fantasía, porque eso no existe.**

Y como ya te conté, el valor del trabajo duro lo aprendí desde muy joven gracias a mi padre. Si había alguien que podía darnos una clase sobre la ardua faena, ese era él. Y su legado quedó en mí para siempre. De hecho, su herencia es tan grande que muchas veces, ante diversos problemas que enfrento, me encuentro haciéndome la misma pregunta: "¿Qué haría mi papá en esta situación?".

A mis 22 años viví el episodio más difícil de mi vida, su muerte. Yo todavía era muy inmaduro para enfrentar ese dolor y no solo tenía que hacer mi mejor esfuerzo para manejar emocionalmente su pérdida, sino que, además, tuve que sacar adelante el negocio familiar y cuidar de mi mamá, quien se había despedido del compañero con el que compartió 50 años de su vida. Sentía que eso era demasiado para mí, así que empecé a buscar una buena válvula de escape. Y rápidamente la encontré: irme de fiesta con los cuates.

En la vida es completamente válido ser vulnerable y tomarse un tiempo para atravesar momentos complicados; lo que no se vale es usar estas experiencias como excusa para no levantarse y seguir con más ganas. Y en mi caso fue justamente el trabajo duro lo que me ayudó a salir de esta situación, porque, a pesar de que disfrutaba mucho de la fiesta y de unas cubitas con los amigos, nunca me permití faltar a mis responsabilidades. Empecé a ponerme reglas como, por ejemplo, jamás irme de fiesta entre semana y siempre estar puntual para abrir la tienda, por lo que, si llegaba del antro el sábado a las 7:00 de la mañana, a las 9:00 yo ya estaba abriendo el local.

De no haber sido por los valores sólidos que me inculcaron tanto papá como mamá, otra historia se hubiera escrito y quizá ni siquiera estarías leyendo este libro. Con esto me quedó muy claro que no hay crisis o conflicto que aguante el esfuerzo y el trabajo duro de una persona comprometida.

Y así fueron esos años que duró el juicio de apelación; tomó su tiempo, nos costó trabajo resolverlo, pero nunca descansamos ni bajamos la guardia. Todo el esfuerzo y la energía que le pusimos terminó dando frutos. Tres años después, finalmente, se nos dio la razón cuando se dio el veredicto a nuestro favor. Siempre hay buenos frutos por recoger cuando la cosecha se hizo con trabajo duro. Recuerdo que estaba de vacaciones con mi familia cuando recibí la llamada del abogado para darme la buena noticia.

Por fin, este capítulo de sabor amargo en mi vida, pero que me dejó mucho aprendizaje, había terminado. Aquella "serie televisiva" que protagonicé en la corte había llegado a su final de temporada. En la pantalla de este episodio apareció escrita la frase: *The End*. Cuando pones lo mejor de ti y además buscas ayuda en gente íntegra y profesional, "el marcador se hará cargo de sí mismo", tal y como decía Bill Walsh, el legendario *head coach* de los 49ers de San Francisco.

A pesar de que hubo muchos momentos de incertidumbre cuando se dio el primer veredicto en nuestra contra, jamás dudé de que podíamos ganar el caso en el partido de vuelta.

Los cinco jueces que componen la corte de apelación del estado de Texas, personas con la preparación para analizar meticulosamente estos casos, decidieron, por unanimidad, que este nuevo veredicto era favorable para nosotros.

El equipo rival quiso llevar el caso a la Suprema Corte, la última instancia, pero su intención no trascendió. El final de este largo partido quedó en manos de este órgano máximo de justicia, quien decidió que ni siquiera tomaría el caso porque era evidente, a todas luces, que no tenía ningún fundamento y que el veredicto correcto ya había sido dictado.

Esta fue una experiencia muy difícil, pero de ella obtuve grandes enseñanzas. Yo la tomé como un importante proyecto que había que emprender y di todo lo mejor de mí para conseguir el objetivo que estábamos buscando. Hay algo que yo siempre recomiendo a todo emprendedor que está pensando en comenzar algo nuevo: jamás debe faltar otro de mis valores esenciales. **El combustible que alimentará tu proyecto y que, en muchas ocasiones, es la diferencia entre el éxito y el fracaso: la pasión.**

«Si fracasas una vez, levántate
y piensa en la persona que eras
antes, pero con la experiencia que

obtuviste de ese fracaso. Porque
solamente fracasando puedes
llegar a tus metas. Que no te
detenga el fracaso, continúa.»

Rodrigo Herrera para
#AprendiendoAAprender

El valor de la pasión: el principal combustible de todo emprendedor

Eres apasionado cuando sueñas, comes, vives y respiras un proyecto. Cuando logres este sentimiento, que es muy poderoso, podrás tener la certeza de que no te estás equivocando en lo que sea que vayas a emprender. No hay mejor termómetro para saber si estás en **el camin**o correcto que sentir pasión por algo. Y cuando emana de ti esa emoción indescriptible por lo que haces, puedes estar seguro de que te encontrarás con el éxito en el camino, porque estarás tan motivado que no te importará volver a empezar cuando las cosas no salgan bien, y lo harás una y otra vez... y las veces que sean necesarias.

En junio del 2016 se estrenó en televisión la primera temporada de *Shark Tank México*, programa del cual tengo la fortuna de ser parte, a donde múltiples emprendedores llevan sus proyectos frente a un grupo de inversionistas en búsqueda de capital que les permita escalar su negocio. A partir de esta experiencia, muchas veces me han hecho la siguiente pregunta:

"Arturo, ¿qué debe tener un emprendedor para que le apuestes a su proyecto en *Shark Tank*?"

Mi respuesta siempre es muy clara y está relacionada con el tema de este capítulo: los valores. Porque resulta que estos valores coinciden con las cualidades que, considero, debe tener un buen emprendedor. Por supuesto que me interesa que el proyecto sea escalable, que tenga el potencial para llegar a millones de usuarios mañana, a pesar de no ser muy grande hoy. Pero en realidad, lo que más me importa del proyecto es el emprendedor: que sea responsable, honesto, humilde y, sobre todas las cosas, que sea apasionado. Sin pasión, nada de lo anterior sirve de mucho en un proyecto de emprendimiento. Si lo que estás haciendo hoy no logra encender en ti esa chispa capaz de hacer combustión hasta "quemarte por dentro", entonces te tengo malas noticias: quizá tu proyecto no vaya a llegar muy lejos.

Por eso no me fijo en alguien que trabaje solo por dinero, prefiero mil veces a alguien que tenga pasión por lo que está haciendo. Ese será el combustible para poder crecer y llevar a una empresa al siguiente nivel. Después de cinco temporadas de *Shark Tank*, puedo confirmar que he tomado decisiones más acertadas cuando pongo mi atención en las personas más que en sus proyectos y, sin duda, la pasión ha sido el factor diferenciador entre aquellos que fracasan y aquellos que triunfan.

Una de las mayores satisfacciones de ser parte de este programa, además de impulsar negocios con mucho potencial, es poder llegar de forma masiva a una audiencia que debe ser motivada para ir hacia el emprendimiento. Y es que los emprendedores son los que generan empleos y crecimiento económico y eso nos conviene a todos, como sociedad, como país.

Estoy convencido de que los emprendedores, a través de sus emprendimientos, lo que en realidad hacen es resolver muchos de los problemas que tenemos en el mundo. Las grandes ideas de negocios se convierten en proyectos de grandes negocios cuando nacen con la finalidad de ofrecer soluciones. Uber, por ejemplo. En el año 2008 Travis Kalanick y Garrett Camp estaban en París, esperando en la calle un taxi que nunca llegó y muriendo de frío. Entonces los jóvenes tuvieron una idea: ¿y si solo tuviéramos que presionar un botón de nuestros celulares para conseguir transporte? La app nació en 2009 como una solución efectiva a este problema y se convirtió en una de las ideas de negocio más exitosas en la historia.

Yo me considero un tipo muy apasionado porque soy capaz de vivir cada situación de mi vida con cada fibra que existe en mi cuerpo y con cada neurona de mi cerebro. Y, sin duda, una de las chambas más apasionantes que he tenido en mi vida ha sido estar al frente de la Fundación Telmex Telcel. Me apasiona tanto que hasta podría pagar por trabajar ahí, porque **no hay mejor ingrediente para los negocios que agregar valor a la**

vida de los demás y expandir el bienestar dentro de la sociedad, sabiendo que estás contribuyendo a cambiar ciertas circunstancias. Y poder hacer esta chamba es otra más de las razones por las que siempre estaré agradecido con el ingeniero Slim.

El principal objetivo que tenemos en la fundación, basado en los lineamientos que nos ha dado el ingeniero Carlos Slim, es crear programas que sean masivos y que, además, generen verdaderos cambios estructurales en la sociedad. Esta misión se resume en una frase: "No hay que buscar ser la aspirina, más bien hay que buscar ser el antibiótico". Y esto no puede ser más cierto, por lo que nos enfocamos en soluciones permanentes o de largo plazo en cada proyecto que apoyamos.

Tenemos muchos proyectos apasionantes, pero hay uno en especial que me encanta porque realmente cambia para siempre la vida de los chavos, y está basado en uno de mis deportes favoritos, el futbol. Si estar echando porras en una final donde juega tu equipo es emocionante, imagínate la emoción que se siente al estar en una final disputada por equipos compuestos, en su totalidad, por chavas y chavos en situación de calle. El programa se llama "De la Calle a la Cancha" y consiste en rescatar a personas en situación muy vulnerable e integrarlas a un equipo de futbol que, además, tendrá que enfrentar competencias internacionales.

Recuerdo aún con mucha emoción una vez en donde la selección femenina de México, nuestra selección, se enfrentaba a Colombia en la final de la Copa Mundial de Futbol de Calle, en el año 2018. Pocos minutos antes de que el árbitro diera el pitazo para empezar el partido, la encargada de nuestra portería se arrodillaba y, entre plegarias, le pedía a Dios que la ayudara a parar goles, mientras el resto del equipo se reunía, abrazado, para escuchar las indicaciones finales del director técnico. Mi familia y yo presenciamos este emotivo momento desde las gradas, y yo me encontraba con la ansiedad que siempre me acompaña en este tipo de encuentros, aunque esta final deportiva era muy diferente a cualquier otra que había tenido oportunidad de presenciar. Estas no eran las clásicas jugadoras acostumbradas a viajes, mundiales y lujos; estas guerreras de la cancha venían de la calle, que es, de hecho, la cancha más difícil de todas.

Cuando el pitazo del árbitro marcó el final del partido y el 5-3 a favor de México quedó apuntado en el marcador, las jugadoras celebraron su triunfo de rodillas y entre lágrimas de emoción.

En tu carrera como emprendedor vas a perder y ganar muchos partidos, vas a tener que enfrentarte a oponentes muy poderosos, y no me refiero a tu competencia únicamente, me refiero a los problemas de todos los días que, a veces, pueden parecer abrumadores e imposibles de resolver. Por eso es que la pasión que cargas dentro de ti será tu mejor aliada. Porque a veces, ante tantas adversidades, cualquier otra persona en su sano juicio renunciaría. A nadie le gusta ser masoquista; solo los verdaderos locos apasionados por sus proyectos siguen y siguen, apagando un incendio después de otro, sin perder el entusiasmo.

Ver jugar una final a nuestra selección es la prueba más visible de que "De la Calle a la Cancha" da sus frutos, y es justo lo que a mí más me apasiona de este proyecto. Ver a los chavos y a las chavas en la cancha es sinónimo de esperanza y de un mejor futuro para ellos. Con este programa hemos logrado reunir a cerca de 30 mil jugadores cada año para conformar las selecciones masculina y femenina, que representan todos los años a México en la Copa Mundial de Futbol de Calle (Homeless World Cup – HWC), que se disputa entre 62 países.

Gracias a este gran esfuerzo, personas que pasaban la noche durmiendo afuera de un centro comercial, comenzaron a recorrer el mundo, visitando Suecia, Austria, Australia, Italia y Francia, para meter goles incluso a la sombra de la Torre Eiffel. Entre ambas selecciones mexicanas de calle, femenina y masculina, México ha ganado siete campeonatos del mundo y siempre consiguen un lugar en la final. Además, sus victorias los han hecho merecedores del reconocimiento de los presidentes de México, quienes han ofrecido a los equipos ganadores una recepción en Los Pinos para conmemorar el triunfo. Pero no es el trofeo de campeón del mundo la mayor satisfacción, sino ver las historias de transformación, eso es lo realmente apasionante. Como la de una jovencita de 22 años, que dejó las drogas y las calles tras una terrible historia de abusos, prostitución y otras penurias, para convertirse en una de las mejores entrenadoras de nuestra selección femenina.

Y los esfuerzos de la fundación no solo apoyan el deporte, sino que inciden en muchos otros aspectos, como el acceso a la justicia. Anualmente se ha logrado la libertad de hasta 100 mil personas inocentes o que cometieron delitos menores, que no tenían recursos suficientes para pagar una fianza. Era la pobreza la que los tenía en una cárcel, y no precisamente la delincuencia. Lo mismo sucede con las más de un millón de cirugías extramuros que la Fundación Telmex Telcel ha realizado. Con ellas hemos ayudado a miles de personas con casos de cataratas, paladar hendido y complicaciones ortopédicas a recuperar su salud y la posibilidad de volver a ser productivos. ¿Qué otra cosa puede ser más apasionante que ayudar a alguien a volver a ver o a volver a caminar?

Otra razón por la que me apasiona tanto la fundación es que no se detiene, sigue año tras año sumando programas y cifras que nos llenan de satisfacción. Por ejemplo, más de 380 mil becas otorgadas a jóvenes universitarios, que apuestan por una base tan sólida como lo es la educación. Casi 500 mil bicicletas repartidas a través del programa "Ayúdame a llegar", que facilita el acceso a la escuela a niños y adolescentes que viven en zonas alejadas de sus colegios, y esto puede ahorrarles hasta horas de traslado al día. O bien, nuestro programa de donación de sillas de ruedas, que ha logrado realizar más de 140 mil donaciones a lo largo de todo el país y les ha devuelto la movilidad y la reincorporación a sus actividades productivas a miles de personas que lo necesitaban.

Y no solo esto, sino que los programas se extienden incluso para ayudar en situaciones tan vulnerables como los desastres naturales. Tanto dentro de México, como en países hermanos, se han entregado casi 30 mil toneladas de ayuda humanitaria.

Otra iniciativa, que me motiva mucho y la vivo con mucha pasión por tratarse de algo relacionado con el deporte, es la Copa Telmex Telcel, actualmente el torneo de futbol más grande del mundo. Poder sentirme parte de este evento deportivo, que cuenta con más de 4 millones de jugadores, 250 mil equipos y que se ha realizado en 13 ediciones, es una forma de reafirmar que estamos jugando para el equipo ganador. Uno que se preocupa por las necesidades de los demás y que entiende que este es el único camino que nos llevará a construir, entre todos, las bases de ese futuro país que logra emocionarnos solo con pensarlo.

Desde la fundación también impulsamos la conservación de nuestro planeta. En alianza con la World Wildlife Fund (WWF) protegemos el santuario de la mariposa monarca, y hemos reforestado más de 13 mil 500 hectáreas con cerca de 15 millones de árboles; impulsamos la conservación del jaguar, así como de las ballenas, tortugas marinas y tiburones en mares mexicanos. Trabajar todos los días por causas como estas, ¿no crees que es apasionante?

Y así, entre muchos otros programas, la fundación sigue sumando números que impactan todos los años a millones de personas. Después de este apasionante camino, hoy creo más que nunca que, para poder seguir sumando ayuda en muchos otros sectores de la población, México necesita emprendedores. Mentes brillantes, frescas, con ideas innovadoras, pero, sobre todo, personas con valores y mucha pasión. Personas que sean capaces de concretar proyectos que generen un impacto positivo en la sociedad.

Si ya tienes una empresa o un negocio, te invito a cuestionarte qué tanta pasión te queda aún por dentro por aquello que estás haciendo. Si crees que la chispa se apagó, quizá sería bueno considerar emprender otra cosa. Y si eres un emprendedor buscando en qué emprender, te sugiero que busques una idea que te enamore, que no te deje dormir o te levante a la mitad de la noche. Si logras encontrarla, no lo pienses más: ve con todo y confía en que todo saldrá bien; tu pasión será el único combustible que necesitarás para empezar a hacerla realidad. Puedes sufrir muchos reveses y vas a perder quizá muchos partidos, pero recuerda algo muy importante: si tienes amor y pasión por lo que haces, "esto no se acaba hasta que se acaba".

«Es un reto, pero tienes que darte cuenta de que estamos entrando en una nueva era. Una época digital, con inteligencia artificial, etcétera. Entonces, tienes que aprender a aprender, pero tienes que ser muy innovador también. Date cuenta de lo que te gusta, lo que puedes hacer bien, y cuando lo sepas, hazlo con mucha pasión. Porque así es como se logra el éxito. No nada más viendo la forma de ganar dinero.»

Don Mario Molina, ganador del Premio Nobel de Química, para *#AprendiendoAAprender*

#ConsejosDelNegociador

✓ Los valores son tus propias reglas del juego, tus estándares de comportamiento y aquello que te permitirá crear un juicio de lo que es realmente importante para ti en la vida.

✓ Al final de todo, en cualquier situación, la verdad es lo único que "sobrevive".

✓ Conducirte de forma poco ética pone en riesgo no solo tu negocio, sino uno de los activos más importantes que tienes y que te ha tomado tanto esfuerzo construir: tu reputación.

✓ Rodéate de personas honestas y apasionadas para construir un equipo, buscar un socio para tu negocio o para invertir. No hacerlo puede resultarte muy peligroso y caro.

✓ La familia es la base de todo y la institución más importante para forjar los pilares de un individuo, una sociedad y un país.

✓ Si quieres construir algo grande, tu único camino es el trabajo duro y constante.

✓ La pasión es el combustible que alimentará tu proyecto y, en muchas ocasiones, es la diferencia entre el éxito y el fracaso.

✓ No hay mejor ingrediente para la pasión que agregar valor a la vida de los demás.

CONCLUSIONES

Reinventarse.
El enemigo que nadie esperaba

«La generosidad está en dar más de lo que puedes,
y el orgullo está en tomar menos de lo que necesitas.»
Khalil Gibran

Mi familia y yo estábamos sentados alrededor del comedor de la casa. Habíamos terminado la comida y disfrutábamos de esas preciosas conversaciones de sobremesa en las que los puntos de vista y las opiniones, a veces contrapuestas y a veces compartidas, suelen tener mejor sabor que el postre.

—¿Cuándo creen que todo volverá a ser normal de nuevo? —comenté.

—Más bien, la pregunta sería: ¿volverá a existir esa "normalidad"? —replicó uno de mis hijos para continuar y sazonar el debate.

No recuerdo en qué quedó la conversación; lo que sí recuerdo es que, como muchas familias, estábamos intentando buscar respuestas a preguntas que quizá nunca nos habíamos hecho.

Si el Arturo del futuro me hubiera venido a visitar
para informarme que tendría que estar encerrado en
casa por meses, le habría respondido que eso es simplemente imposible, impensable. Y hoy, mirando hacia
atrás, me doy cuenta de que este proceso que ha sido
tan difícil para todos también ha resultado, en ciertos
aspectos, ser un ejercicio bastante enriquecedor. De
hecho, jamás imaginé que este acontecimiento que
ha estado latente en mi cabeza y en la de millones de
personas alrededor del mundo, por meses, sería el factor que detonaría lo que había estado postergando por
años: escribir este, mi primer libro. Y aquí aprovecho
para agradecer a Alejandro Pacheco por su ayuda en
esa meta, que se había estado cocinando en mi imaginación durante tanto tiempo, y que finalmente empezó
a hacerse realidad cuando me di cuenta de lo importante que sería aprovechar el tiempo durante esta difícil
etapa. Una vez más compruebo que, a veces, las grandes
cosas de la vida las obtienes en medio de una crisis.

En estos últimos meses no solo yo, sino todos, hemos
tenido que aprender a ser más humanos, más eficientes,
más prácticos, más estratégicos y menos dependientes
de las cosas que regían nuestras vidas. Pero, sobre todo,
hemos aprendido que lo que más vale no cuesta, como el
tiempo, la esperanza, la familia y, por supuesto, la vida.

Todo comenzó como una noticia moderadamente
alarmante que se originó en China a finales del 2019,
pero que no tardó mucho tiempo en propagarse hasta convertirse en una amenaza real y... cercana. De un

momento a otro, la vida y la forma de hacer negocios, para muchos de nosotros, había cambiado dramáticamente. La "normalidad" a la que estábamos acostumbrados había desaparecido.

En mi carrera he enfrentado, ciertamente, momentos muy difíciles, pero en todos los años que llevo en este apasionante camino de los negocios, jamás me hubiera imaginado que uno de los episodios más difíciles que tendría que enfrentar sería causado por un enemigo invisible que nadie vio venir, un enemigo que nadie esperaba. Y este tsunami de eventos que hemos vivido a lo largo de estos últimos meses y que me ha acompañado durante todo el proceso de escritura del libro me ha dejado lecciones muy valiosas y me ha enseñado muchas otras cosas, acerca de los negocios, de la vida y, sobre todo, acerca de mí mismo.

Me confieso. Mi personalidad no se lleva bien con la incertidumbre, y aunque me he enfrentado a ella cientos de veces, en esta ocasión se siente diferente. Pero también se siente diferente aquello que, yo creo, es el mejor antídoto para una situación como la que enfrentamos: la fe en Dios.

Porque no tengo duda de que el mundo seguirá su rumbo, con todo y los cambios que se avecinan o los que ya estamos viendo. Pero es un hecho que los negocios volverán a crecer y vendrán nuevos, los estadios volverán a estar repletos, la fanaticada celebrará los goles de sus equipos, los restaurantes recibirán a sus comensales para celebrar cumpleaños y aniversarios, las multitudes entonarán los coros de sus canciones favoritas en conciertos y festivales, y en los horarios del recreo, las escuelas nuevamente estarán repletas de niños corriendo y gritando. Familias completas volverán a abrazarse y los amigos, que siempre han estado ahí, volverán a disfrutarse. Sin embargo, a pesar de todo este optimismo, siento una enorme empatía y una gran solidaridad con todas aquellas personas que están atravesando un reto de salud o económico a causa de esta crisis, y sobre todo tengo un profundo respeto y comparto el dolor de aquellos que han perdido a un ser querido.

Durante esta etapa en casa, en donde el tiempo parece avanzar un poco más despacio, he podido pasar más horas conmigo mismo y recuperar ciertos rituales que había dejado de hacer. Ahora puedo disfrutar mucho más de esas pequeñas cosas que parecían haber adquirido la categoría de "lujos", como el poder comer siempre junto a mi familia o dedicarle minutos extra a la sobremesa. Por si fuera poco, bajé de peso, comencé a comer más sano porque la comida en casa siempre es más rica y saludable, ¿a poco no? Me siento con más energía y le dedico un poco más de tiempo al deporte, pero, además, con la gran ventaja de que ahora siempre tengo la compañía de alguno de mis hijos durante los entrenamientos. Ellos se han convertido muchas veces en mis maestros. De ellos aprendí, en estos últimos meses, una lección muy valiosa sobre el sacrificio. Son chavos y las posibilidades de que sufran por enfermarse a causa de lo que estamos viviendo son pocas, según los expertos y las estadísticas. Aun así, ellos han puesto muchas de sus actividades en pausa, han dejado de ver a sus cuates, han dejado de ir a fiestas y hasta han cancelado planes de viaje, porque entienden que, al quedarse en casa, nos están cuidando a nosotros, a sus papás y a sus abuelos. Y eso me ha hecho admirarlos hoy, más que nunca.

Otra de las lecciones más enriquecedoras de estos tiempos es la de admirar la capacidad de adaptación que tenemos los seres humanos ante la adversidad. Esta cualidad pude verla, en primera fila, en mi esposa Johanna, quien literalmente tuvo que replantearse por completo su modelo de negocio para seguir remando y poder mantenerse a flote. Ella supo buscar las herramientas y los protocolos más convenientes para que su negocio, que hace unos meses era prácticamente inconcebible en un ambiente no presencial, pudiera ser 100% funcional de forma *online*. Hoy su salón de clases en un escenario virtual es ya una realidad. Y es que cuando un evento como este llega de golpe, lo primero que hay que hacer es pensar fuera de lo convencional. Por más cliché que se escuche, es cierto. No se puede resolver un problema que nunca te ha tocado resolver, con las mismas soluciones de siempre. Ante nuevos retos se requieren nuevas estrategias, sobre todo porque este no es ni será el único evento que nos impulse hacia la reinvención total o parcial de nuestros proyectos o modelos de negocio.

Así que, de la noche a la mañana, literal, las personas y las empresas tuvimos que adaptarnos y reinventarnos. Lo que hicimos en Grupo Carso, por ejemplo, también es un gran caso de éxito que vale la pena mencionar. Desde muy temprano se tomó la decisión de que la salud de los colaboradores sería la prioridad número uno, por lo que la mayor parte del equipo del grupo cambió su cubículo por un espacio de trabajo más seguro en casa. Y aunque hubo miedo y resistencia al cambio, nos dimos cuenta de que incluso las reuniones a través de videoconferencia terminaron siendo más eficientes que las propias juntas presenciales. Lo que imaginamos en un inicio que sería una prueba de ensayo y error, con los días se convirtió en un caso de estudio que nos permitió encontrarnos con resultados impresionantes, que revelaron una máxima eficiencia en los procesos de la empresa, lo cual mantuvo la productividad prácticamente intacta, pero con una baja considerable en los costos operativos.

Arturo, mi hijo, colaboró con los equipos médicos del Instituto Carlos Slim de Salud y con los de recursos humanos de cada una de las empresas del grupo para desarrollar la parte técnica de una aplicación, en la que nuestros colaboradores registran ciertos datos que son muy relevantes. Desde los primeros días de la pandemia, esta herramienta digital ya operaba en un 100%. En ella, todo el personal registra, a diario, su temperatura corporal, indica si tiene alguna condición médica o enfermedad que pudiera ponerlo en riesgo y si es que ha presentado algún tipo de sintomatología en los últimos días. La aplicación está diseñada para detectar posibles casos sospechosos, y en caso de ser así, de inmediato poner al empleado en contacto con un *call center* que también habilitamos, para que todos pudieran recibir atención médica telefónica en una primera instancia. Diariamente casi 200 mil colaboradores registran sus síntomas y su temperatura, lo que nos ha permitido tomar medidas preventivas y hasta poder llegar a salvar vidas.

Seguramente, una vez que hayamos vencido al virus en el mundo, esta plataforma podrá replantearse para que abarque temas de salud generales de nuestros colaboradores. Pero un proyecto tan robusto y eficiente como este hubiese sido impensable de no haber sido por una situación de crisis como la que enfrentamos. Este trabajo de adaptación y transformación tan rápido y oportuno del Grupo Carso y de la Fundación Carlos Slim es para mi gusto muy admirable. Como también lo fue la habilitación, junto con CIE, del hospital temporal del Centro Banamex. En tiempo récord se transformó un lugar de convenciones en un gran hospital que ha dado grandes resultados y en donde ha sido posible atender a miles de personas de manera oportuna. Me queda claro que no solo las personas se transforman, las empresas también lo hacen. Y por cosas como esta, es que también soy de los que creen que las crisis verdaderamente provocan las más grandes oportunidades. De hecho, gracias a esta coyuntura, tuve la oportunidad de participar, junto con el liderazgo de mis cuñados Carlos y Marco Antonio, en uno de los procesos de negociación más importantes y satisfactorios de toda nuestra vida, al ser parte del equipo de negociación con AstraZeneca para el financiamiento de la vacuna a través de la fundación, lo cual hará posible que millones de vacunas estén disponibles para América Latina un año antes de lo planeado. El resultado de esta negociación no solo nos dejó muy contentos, sino también con una gran satisfacción en el corazón.

Definitivamente, es en las crisis donde nacen la inventiva, los descubrimientos y las grandes estrategias. Quien supera una crisis se supera a sí mismo. Y de eso se trata la vida y el emprendimiento de un negocio, de buscar soluciones a los problemas que se te presentan, porque, es un hecho, todos los días se presentarán, todos los días aparecerán dificultades de distintos tamaños e impactos que tocará ir superando.

Otra de las grandes lecciones que me han quedado muy claras de esta situación es la que aprendí hace algunos años del ingeniero Slim, quien siempre ha dicho que "se deben cuidar los costos en épocas de vacas gordas". Este consejo de cuidar gastos y costos, que puede ser de los más básicos en el manual de los negocios, resultó más que indispensable para que en el grupo lográramos sortear esta etapa. Cuando llega el tiempo de las vacas flacas, esas reservas que sirven como un "colchón" pueden ser la diferencia entre el crecimiento en medio de una crisis o la extinción.

El caos provocado ya sea por la incertidumbre económica, por desastres naturales, por conflictos políticos o por pandemias no es más que el pan nuestro de cada día en la vida de un emprendedor. Parte del trabajo como dueño de tu negocio es enfrentar dificultades, adaptarte, reinventar el negocio y a ti mismo, apagar un incendio después de otro. Y por lo mismo, estoy seguro de que nunca hay un buen o mal momento para emprender o para seguirle apostando a tu negocio; lo único que hay que hacer es simplemente cambiar hacia nuevas perspectivas y estar siempre en constante cambio.

Recuerda que el éxito del emprendimiento también está asociado a la naturaleza del negocio que tienes en mente. Eso sí, las ideas y los modelos de negocio deben ser sostenibles en el tiempo y no deben estar dictados por una necesidad particular y momentánea.

Y como no existe un "buen momento" pero tampoco un "mal momento" para emprender, todo dependerá de tu idea, de tus ganas de ponerle el corazón al proyecto, de tu olfato para detectar oportunidades, de tus valores, de tu capacidad de negociación y de ese instinto de emprendedor o de empresario que debes comenzar a reconocer dentro de ti.

Así como la vida continúa, los negocios deben continuar también; con o sin crisis, con o sin caos, pero nunca debes perder de vista cuál es en realidad la meta más ambiciosa que te puedes poner en la vida. Y para mí, esa meta es, sin duda, la felicidad personal.

Por eso es muy importante tener tus prioridades claras en la vida, qué es lo que quieres y qué es lo que no quieres hacer con ella. Es muy fácil confundirse, sobre todo en nuestros tiempos. He conocido emprendedores que solo están apostando por un negocio porque creen que ahí habrá mucho dinero o porque quieren ser reconocidos. En realidad, esas causas son justamente las que ponen al emprendedor y a un empresario en un callejón sin salida, porque antes de la motivación económica o el ego de ser reconocido, debe estar la pasión por una idea o un concepto capaz de resolver un problema. Esto es lo que debería motivar a una persona a emprender. Y eso, resolver problemas para los demás y sentirte orgulloso de lo que has creado, utilizando tus talentos y enamorándote de lo que haces, te dará una gran satisfacción.

Si trabajas en algo que no te gusta o solo tienes en tu mente las ganancias a fin de mes, el camino se hará intransitable; y cuando el dinero no llegue, ya sea por culpa de una crisis o de una mala planeación de tu negocio, terminarás por abandonarlo porque nunca sentiste, en realidad, la pasión por lo que estabas haciendo. Eso te hará muy vulnerable incluso frente al más mínimo fracaso. Yo tengo la fortuna de hacer lo que genuinamente me gusta, lo que me apasiona, lo que enciende esa chispa que descubrí desde niño detrás del mostrador de una tienda de telas o vendiendo gomas a mis compañeros de la escuela. Jamás mi motivación fue el dinero, esto es lo que me permite mantener mis valores intactos. Lo que me motiva es en realidad el saber que tengo que ir a negociar la compra de una empresa en Colombia o en Estados Unidos, solo por el hecho de la negociación misma. Ahí es cuando se enciende esa chispa dentro de mí y espero que, de verdad, encuentres esa chispa en ti; solo así, todo lo que haces en tu negocio tendrá sentido y te impulsará hasta la línea de meta.

«Lo primero es que hagan cosas e ideas que les entusiasmen mucho. Lo segundo, que tengan la capacidad de colaborar con más gente que les pueda aportar a su proyecto de innovación. Tercero, que busquen que su innovación genere un beneficio para el usuario, para la sociedad. Finalmente, comprométanse con su innovación, y si algo falla o no se da en las condiciones que ustedes querían, sigan insistiendo. Si ustedes están convencidos de su innovación, no bajen la guardia, sigan luchando por ella. Y lo más importante, que esto no sea solo una actividad, sino una pasión.»

Carlos Slim Domit para
#AprendiendoAAprender

Finalmente, me gustaría dejarte con **uno de los mejores consejos que puedo darte, algo que creo firmemente en la vida: busca un mentor. Es de las estrategias más efectivas para avanzar en tu vida, acompañarte de gente que va más adelante que tú, que ya ha resuelto las dudas que tú tienes.** Yo me siento profundamente afortunado, tengo grandes mentores en mi vida, porque, así como tú, yo también me caigo, y es justo en esos momentos de vulnerabilidad en los que las palabras justas de ellos me han ayudado a levantarme. Mi esposa, mis hijos y, por supuesto, el ingeniero Slim han estado ahí siempre para acompañarme en los momentos fáciles e increíbles, pero también en los más difíciles. He tenido este gran privilegio siempre; mis mentores han estado conmigo toda la vida, desde chavito, empezando por mis papás y mis hermanos. En especial mi hermano Alfredo, que desde la muerte de mi padre ha sido quien ocupa ese soporte en mi vida. Es sensible, inteligente, sólido, y sus consejos siempre vienen desde el corazón. Alfredo siempre tiene una invitación para apreciar el lado positivo de las cosas y me hace ver lo afortunado que soy de tener a mi familia, la estima de la gente y, por supuesto, también me ha dado sabios consejos de negocios. Desde los muy sofisticados cuando a los 22 años me quedé solo en el negocio de mi papá, hasta otros que pudieran parecer insignificantes, pero que recuerdo con mucho cariño; como aquella vez que le hablé, durante mis días en Pumas, para exponerle un dilema en el que me encontraba: vender o no vender la carta de Darío Verón a un equipo italiano y recibir a cambio una buena lana que saldaría por completo las deudas del equipo.

Con su característica astucia y claridad para analizar cada situación, me dijo algo que nunca olvidaré: "Arturo, nadie te va a recordar por saldar la deuda de los Pumas, pero sí te recordarán por ayudar a que el equipo y toda su fanaticada carguen la copa del campeonato, y ese será tu legado en la gran Universidad Nacional".

Por eso, tú también necesitas buscar mentores en quienes deposites toda tu confianza. Esto siempre será un gran recurso para acercarte al éxito, el poder ver con otros ojos lo que quizá no logras ver con los tuyos. Así que nunca pierdas la humildad para pedir ayuda.

Estas son mis reflexiones finales para ti. Utiliza este libro con todas sus anécdotas y consejos que, desde una trinchera muy humilde, quise compartir contigo como una guía para ayudarte a transitar este camino de los negocios y el emprendimiento. Yo puse mi granito de arena; a ti te toca ponerle la pasión, la alegría, la buena vibra y el amor, primero hacia ti mismo, para que luego pueda expandirse hacia los demás.

Ahora sí, sigue tu camino y tu aventura. Espero de corazón que las lecciones de este libro se conviertan en un muy buen compañero de viaje. Pero procura que este viaje en el que te encuentras hoy en tu vida sea el viaje que te lleve a la felicidad, porque, como ya te lo dije, al final lo único que importa en la vida es ser feliz.

¡Te deseo todo el éxito del mundo!

El negociador de Arturo Elias Ayub
se terminó de imprimir en abril de 2022
en los talleres de Corporativo Prográfico, S.A de C.V.,
Calle Dos Núm. 257, Bodega 4, Col. Granjas San Antonio,
C.P. 09070, Alcaldía Iztapalapa, Ciudad de México, México.